希恩06

希恩06

失落的人生遊戲與天意藍圖

The Game of Life and How to Play It

佛羅倫斯・斯科維爾・希恩◎著
Florence Scovel Shinn
陳昭如◎譯

希恩06 失落的人生遊戲與天意藍圖

原著書名　The Game of Life and How to Play It
作　　者　佛羅倫斯・斯科維爾・希恩（Florence Scovel Shinn）
譯　　者　陳昭如
美術編輯　劉桂宜、李緹瀅
主　　編　高煜婷
總 編 輯　林許文二

出　　版　柿子文化事業有限公司
地　　址　11677臺北市羅斯福路五段158號2樓
業務專線　（02）89314903#15
讀者專線　（02）89314903#9
傳　　真　（02）29319207
郵撥帳號　19822651柿子文化事業有限公司
投稿信箱　editor@persimmonbooks.com.tw
服務信箱　service@persimmonbooks.com.tw

初版一刷　2009年12月
二版一刷　2016年01月
三版一刷　2024年05月
定　　價　新臺幣380元
I S B N　978-626-7408-25-4

業務行政　鄭淑娟、陳顯中

歡迎走進柿子文化網　https://persimmonbooks.com.tw
粉絲團搜尋 60秒看新世界
～柿子在秋天火紅 文化在書中成熟～

國家圖書館出版品預行編目(CIP)資料

失落的人生遊戲與天意藍圖／佛羅倫斯・斯科維爾・希恩（Florence Scovel Shinn）／著；陳昭如譯. --三版. --臺北市：柿子文化事業有限公司，2024.05
面；　公分. --（希恩；06）
譯自：The Game of Life and How to Play It
ISBN　978-626-7408-25-4（平裝）
1.CST:成功法　2.CST:生活指導

177.2　　113002860

好評推薦

林許文二，柿子文化總編輯

我必須老實說，在我閱讀的心靈書籍裡，希恩的文字語言的確存有一種不可思議的超現實魔力，能在你猶豫、徬徨、懷疑、低潮時，驅散你內心的霧霾，瞬間帶給你陽光與新鮮空氣。這本書一直在我床邊占有一個重要位置，至今展讀依然滿滿獲益，強烈推薦給你。

胡德興，富恩管理顧問公司董事長

在全球暢銷書——《祕密》廣泛傳揚後，近年成為成功學的主流之一，但這些成功法則要如何在人生無數的挑戰中持續確切地實行，的確是一大課題。個人認為除了學習方法技巧外，擁有一個堅定永生的信仰才是人生追求真正「成功」的唯一道路：信望愛——堅定地信靠永生的救主耶穌基督，真切永生的盼望，全心全意愛主及愛人如己。**此書非常精闢地提出了如何認識靈性法則及人生的本質，進而從聖經汲取智慧成就人生終極之意義，值得推薦！**

郎祖筠，全方位表演工作者

拜讀希恩女士睿智、雍容的文章，真有如沐春風的感受。無論讀者們是否有宗教信仰，只要您願意跟隨希恩女士的腳步，一定可以走出荊棘幽谷，到達應許的福地。

吳世正，臺北市議員

這本書處處展現作者的聰慧和對人生的觀察，對於心靈陷在漩渦的現代人來說，是一個思考的方向——思考如何將自己解脫出來。

聖經是神的話語，如果讀者能從這本書認識到愛我們的神，就會漸漸擁有像作者一樣面對生活的信心，我想「信心」應該是現代人最需要的心靈補品吧！

露易絲・海，全世界最大身心靈出版社Hay House創辦人

我一直很認同希恩，她是那麼堅強、善良、有活力，更重要的是，她提出了許多

強而有力的肯定句；希恩總是正向而肯定的面對每一件事！**即使到現在，每當我需要一個有力的肯定句時，我還是會「尋求」希恩的幫助**——是她，教會我如何成功的玩這場「人生遊戲」。

諾曼・文生・皮爾博士，牧師、教育家、作家

本書充滿了智慧和創造性的見解。**我知道這些見解實際上會成為事實，因為我也一直使用它們。**

湯姆・巴特勒・鮑登，《最偉大的50部勵志書》作者

這本簡短的著作是二十世紀二〇年代在紐約創作完成的，但其智慧亙古不變。這**本書會產生撫慰人心的效果，讓我們重新認識正確的原則，恢復方向感和自信。**如果你願意在讀書時保持開明的思想狀態，它的觀點和主張將會產生了不起的效果。

目錄

Contents

人生是一場遊戲

人生遊戲的目的在於讓我們看清什麼對自己最好。

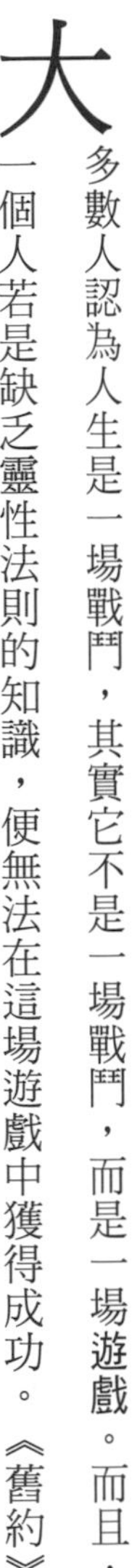

大多數人認為人生是一場戰鬥，其實它不是一場戰鬥，而是一場**遊戲**。而且，一個人若是缺乏靈性法則的知識，便無法在這場遊戲中獲得成功。《舊約》和《新約》就提供了許多精彩而明確的遊戲規則。

首先，人生是一場付出與接受的美妙遊戲，「人種的是甚麼、收的也是甚麼。」無論我們說了什麼或做了什麼，同樣的結果將會返回自己身上——我們付出什麼，就會得到什麼——滿懷怨恨的人，會被別人怨恨；付出愛的人，會得到別人的愛；批評別人的人，會被別人批評；說謊的人，別人會對他說謊；欺騙別人的人，會被別人欺騙。

此外，聖經也教導我們，**想像力**在這場人生遊戲中，扮演了舉足輕重的角色。「你要保守你心（或想像力），勝過保守一切，因為一生的果效是由心發出。」也就是說，無論我們想像了什麼，遲早都會**內化**為屬於自己的東西。

我認識一個人，非常恐懼某種疾病。那是一種極為罕見、很不容易得到的病。可是他一天到晚都在想這種病，而且還不斷地閱讀相關資料，導致這種念頭終於顯現在他的肉體上。最後他死了，死於自己扭曲的想像力。

因此，如果我們想要成功地進行一場人生遊戲，就必須訓練自己的想像力。一個想像力受過訓練的人，能夠讓自己只想像美好的事物，並將它們帶入生活中「內心裡任何**正直**的渴望」——健康、財富、愛、朋友、完美的自我表現以及個人的最高理想，都是正直渴望的範疇。

想像力又稱「**意念的剪刀**」，它會天天按照我們想像出來的藍圖剪啊剪的，然後我們遲早會從外在的現實世界裡得到自己所想像的東西。至於該如何成功訓練好

想像力，得先瞭解自己的意念在做什麼——這就是希臘人所說的「瞭解自我」（此指古希臘刻在阿波羅神殿上的德爾菲格言）。

人的意念可分為三個部分：潛意識、意識與超意識。

■ **潛意識**：是一種沒有指導性、最單純的力量。它就像河流或電流，只做它被吩咐該做的事，無任何誘導能力。無論我們的感受有多深，或是想像清楚與否，都會在潛意識裡留下痕跡，並在之後以細微而詳盡的方式體現出來。

我認識一個女孩，她從小就「努力想像」自己是個寡婦。她總「裝扮」得一身黑，還披戴著一條很長的黑紗，大家都覺得她這麼做既聰明又有趣。她長大之後，嫁給了一個她深愛的男子，可是她丈夫很快就死了，而她有好幾年都穿著黑衣、戴著黑紗。正是因為她持續將自己是個寡婦的圖像銘刻在潛意識裡，一旦到了「適當時間」，潛意識就會不管三七二十一地自行運作起來。

■**意識**：又被稱為凡間或世俗的意念。意識是一種屬於人的意念，它看到的是生命呈現出來的模樣。它瞭解死亡、災難、疾病、貧窮與各式各樣的限制，同時也會對潛意識產生影響。

■**超意識**：是存在於每個人內心深處的上天的旨意，屬於完善思想的領域。超意識裡有一種被柏拉圖稱之為「完善模式」的「神聖設計」；每個人都是神聖設計——有一個獨一無二絕對屬於你的位置，而且其他人都不能取代；有件事只有你能夠完成，沒有別人能完成。關於這點，超意識裡有著極為完善的藍圖，不過，它常以一種「無法達至的理想」之姿，從我們的意識層面一閃而過，即所謂的「美好到不像是真的」。

在現實生活中，真正的天命（destiny）或目標（destination）會從自我裡無窮的智慧反射出來。然而，許多人卻對自己真正的天命一無所知，並不斷渴求不屬於自己的事物與地位，就算他們得到了這些東西，也只會招致失敗，也無法滿足。

曾經就有個女人來找我，要求我對某位她想共結連理、非常深愛的男子「說話祈求」（她稱這個男人叫ＡＢ）。

我說這麼做有違靈性法則，但我願意為她祈求那位「上天所揀選的」、神授權利是屬於她的男人。接著我告訴她說：「如果ＡＢ就是那個人的話，妳絕對不會失去他；假使他不是的話，妳還是會找到屬於妳的真命天子。」她經常見到ＡＢ，但兩人的關係始終沒有進展。有天晚上她打電話給我說：「妳知道嗎？上星期我才發現，ＡＢ好像沒那麼適合我。」我回答道：「也許他不是上天為妳揀選的人——另外有別的男人適合妳。」

過了不久，她遇見另一位火速愛上她的男子。對方表示，她是他夢寐以求的那個人。事實上，他說了所有她期望AB會對她說的話。她說：「這真是太不可思議了！」後來，她很快就回應了對方的愛意，並從此對AB興致缺缺。

這個例子向我們揭示了什麼是替代性法則：當一個正確想法取代了錯誤念頭，將不會造成任何損失或犧牲。耶穌說：「你們要先求他的國和他的義，這些東西都要加給你們了。」這個國**就在每個人當中**，並且是屬於正確思想或靈性模式的國。

每個人所**說的話**在人生遊戲中扮演了非常重要的角色，「因為要憑你的話定你為義，也要憑你的話定你有罪。」

只是，許多人總是因為無意義的話，而為自己的生命帶來災禍。

有一次，一位女性問我，為什麼她現在的生活窮到一籌莫展？原來，她過去有個家，生活被各種美麗的事物與花不完的金錢所包圍，但我們卻發現，她非常厭倦管理自己的家，而且總是埋怨說：「我很討厭、也很厭倦有那麼多東西——我真希望自己住在汽車行李箱裡（早期的汽車後備箱是獨立於汽車的，是將一個「大行李箱」固定在汽車後面）。」她又繼續說：「我覺得自己就住在汽車行李箱裡。」現在，她就真的住在汽車行李箱裡了。

另外，潛意識沒有任何幽默感，因此人們常因自我嘲弄而陷入不幸。

有個很有錢的女人常開玩笑說她「已經準備好要住濟貧院了」，結果幾年後，她變得一貧如洗，因為她在潛意識裡不斷留下匱乏與限制的圖像。

所幸，靈性法則是**雙向的**，想像好的事物，情況就會變好，想像壞的事物就會變壞，因此，即使是匱乏的處境也可能變得很富足。

在一個炎熱的夏日，有一位女士為了想得到成功而來找我「治療」。她看起來疲憊不堪、失意沮喪，而且十分灰心。

她表示她身上總共只有八塊錢。我說：「很好，現在我們應該祝福這八塊錢，並且學習耶穌讓麵包和魚倍增那樣，把這筆錢變得更多。」這是因為耶穌教導我們說，每個人都有祝福與倍增、治療與成功的能力。

她問我：「那麼下一步，我該怎麼做呢？」

我回答說：「跟著妳的直覺走。妳有沒有某種『預感』想做什麼，或要去

什麼地方呢？」直覺的意思就是直觀，或是發自內在深處的聲音，它是指引人們方向的正確指南。

那位女士說：「我不曉得耶——我好像有個直覺，覺得自己應該回家；可是我手上的錢只夠付回家的車費。」她家位在一個遙遠、缺乏資源、沒什麼發展的城鎮。理智的念頭（或知識）告訴她最好「留在紐約找份工作，賺點錢」，但是我告訴她：「那就回家吧——千萬不要違背妳的直覺。」接著我為她祈求：「無窮的上天為了某某某無比的富足而預備道路。她就像一塊吸力強大的磁鐵，吸引著所有神授權利應屬於她的事物。」此外，我也要她不斷重複這句話。然後，她很快離開了紐約回到老家。

某天她去拜訪一位女士，而與家中一位老友連絡上。透過這位友人，她奇蹟般地得到了幾千塊美金。

後來她常對我說：「妳一定要告訴大家關於一個女人帶著八塊錢及直覺來找妳的故事。」

人生的道路總是非常豐盛；但唯有透過渴望、信心或話語，才能夠真正實現這條豐盛的人生道路，所以每個人都必須先踏出這第一步。

「我手的工作，你們可以吩咐我。」「你們祈求，就給你們；尋找，就尋見；叩門，就給你們開門。」擁有無窮智慧的上天，總是準備好實現我們最微小或最偉大的需求。我們的每一個欲望，不論是顯露或隱藏的，全都是一種需求，而我們常會因為夢想突然成真大吃一驚。

有一年復活節，我在花店櫥窗看到很多漂亮的玫瑰樹，便很希望自己能有一棵，於是我在心裡想像著玫瑰樹送到家門口的景象。復活節來臨，我如願擁有一棵美麗的玫瑰樹。第二天，我向朋友道謝，告訴她這正是我要的，可是她說：「我沒有送你玫瑰啊，我送的是百合！」原來是店員弄錯了訂單，而把玫瑰樹送來給我；這正是因為我先前啟動了行動法則，所以才會得到一棵玫瑰樹。

除了懷疑與恐懼，沒有任何事物可以阻擋在我們與自己的最高理想，或是介於每個願望與自己的內心之間。當我們能夠「毫不憂慮地盼望」時，每個願望就會很快實現。

之後我將以科學理由進一步解釋此點，並說明如何從意識中消除恐懼。恐懼是人類唯一的敵人——恐懼匱乏、恐懼失敗、恐懼疾病、恐懼失去，以及某些層次上沒有安全感。耶穌說：「你們這小信的人哪，為甚麼膽怯呢？」我們必須用信念取代恐懼，因為恐懼只是一種錯亂的信念——一種用邪惡取代良善的信念。

人生遊戲的目的，是為了讓我們看清楚什麼對自己最好，並去除所有負面的心靈藍圖；唯有在潛意識留下實現美好事物的印記，才能達成這個目標。

有位非常聰明、也非常成功的男人告訴我，當他看到掛在房間的某個牌子後，完全消除了意識層面的恐懼。他看到的是幾個印刷大字：「何必擔心，也許事情永遠不會發生。」這些字深深印在他的潛意識裡。現在他非常確信生命中只會出現美好的事物，因此也只有美好的事物在他生命中顯現。

之後，我將討論在潛意識留下印記的幾種方法。潛意識是人類最忠實的僕人，但我們必須謹慎地給它正確指示，因為潛意識向來是安靜的聆聽者。我們腦子裡的每個念頭、嘴裡說出來的每個字，都會銘刻在潛意識裡，這就像歌手用非常靈敏的設備錄製唱片一樣，他歌聲裡的每個音符與音色都會被錄下來。若是歌手咳嗽或是吞吞吐吐，同樣也會被錄進去。所以，讓我們打破潛意識裡所有老舊的壞唱片，打破那些在我們生命中不想保留的唱片，努力製造出嶄新而美麗的作品吧！

請你以無比的力量與信心，大聲說出這句話：「現在我打碎並搗壞（用我的話來說）潛意識裡每張不真實的唱片。它們將回歸到原本就不存在的塵土中，因為它們來自我的空想。現在透過耶穌，在他的裡面我創造了屬於自己的完美唱片——關於**健康**、**財富**、**愛與完美的自我表現**的唱片。」這是人生的四大元素，擁有了這四大元素，就等於完成了人生遊戲。另外，我還會告訴大家要如何透過改變自己的話語來改變自己的處境。一個不知道語言力量的人，終將被時間所淘汰。

「生死在舌頭的權下。」

人生遊戲究極攻略

1. 人生不是一場戰鬥，而是一場付出與接受的美妙遊戲。

2. 「人種的是甚麼、收的也是甚麼。」

3. 無論我們想像了什麼，遲早都會內化為屬於自己的東西。

4. 想成功地進行一場人生遊戲，必須訓練自己的想像力。

5. 要訓練想像力，必須先瞭解自己的意念在做些什麼。

6. 毫不憂慮地盼望，每個願望很快就會實現。

7. 靈性法則是只要想像好的事物就會變好，所以即使是匱乏的處境也可能變得很富足。

8．人生的道路總是非常豐盛；但唯有透過渴望、信心或話語，才能讓這條豐盛的道路成真。

9．渴求不屬於自己的事物和地位，就算得到了，也只會招致失敗與無法滿足。

10．人生遊戲的目的，是為了讓我們看清楚什麼對自己最好。

讓財富向你走來

全能者就必為你的珍寶，作你的寶銀。

聖經當中有關人生遊戲最重要的訊息，就是神是人一切需求的供應者。只要透過所說的話，就可以得到神授權利的東西，然而，我們必須先對自己說的話有絕對的信心。

《以賽亞書》上說：「我口所出的話也必如此，絕不徒然返回，卻要成就我所喜悅的，在我發他去成就的事上必然亨通。」現在我們知道，**語言與思想**有著驚天動地的力量，甚至會對我們的身體與經驗產生影響。

曾經有個女人憂心忡忡地跑來找我，說法院判她在當月十五號要付出三千元美金來，但她知道自己根本籌不到這筆錢，所以非常苦惱。我告訴她，神是她的供應者，祂能夠提供我們所需要的一切。

然後我開口為她祈求，我為那個女人獻上感謝，說她將會在適當的時間、透過適當的方法得到三千塊。我還對她說，她一定要有絕對的信心，並且表現出她的絕對信心。可是到了十五號當天，她手上還是沒有三千塊。

她打電話問我到底該怎麼辦。

我告訴她：「首先，今天是星期六，對方不可能在今天告妳。至於妳，則應該表現出很有錢的模樣，並對『在星期一之前可以得到這筆錢』要有信心。」她要我跟她一起吃午餐，好讓自己持續保持信心。當我們一起坐在餐廳時，我說：「現在不是省錢的時候。妳應該點一份最貴的午餐，展現出已經擁有三千塊的模樣。」

「你們禱告，無論求甚麼，只要信，就必得著。」我告訴她，「妳一定

要表現出已經擁有這筆錢的樣子。」第二天早上她打電話給我，要求我一整天陪她。我回答：「我不用陪妳。因為神已經在保護妳了，而且妳所需要的，祂永遠都不會延遲給妳。」

到了晚上，那個女人又打一次電話給我，以非常興奮的口氣說：「親愛的，奇蹟發生了！今天早上我一個人坐在房間，門鈴響了起來。我對女傭說：『不要讓任何人進來。』她沒開門，但往窗外看了一看說：『是妳那個留著白色長鬍子的堂哥來了。』

我說：『把他叫回來，我想見見他。』我堂哥剛走到巷口的轉角就聽到女傭喊他的聲音，於是他又走了回來。

我們聊了一個鐘頭左右，臨走時他問我說：『對了，妳的財務狀況怎麼樣？』我告訴他，我需要一筆錢。他說：『唉呀，親愛的，我下個月一號就可以給妳三千塊呀！』我實在不想讓他知道自己快被人家告，但是我該怎麼辦？等到一號才拿得到三千塊？可是我明天就要呀！」

我對她說：「好吧，我會持續為妳『治療』。」於是我祈求：「上天從不延遲。我向神獻上感恩，因為她在神看不見的計畫裡已經拿到了這筆錢，而且這筆錢一定會及時出現。」

第二天一大早，她堂哥打電話給她說：「妳早上來我辦公室一趟，我可以給妳那筆錢。」當天下午，她的銀行帳戶裡面就已經有三千塊，她既興奮又快速地簽了幾張支票出去。

如果想要獲得成功，卻始終抱著可能失敗的念頭，最後一定會失敗。

曾有一個人請我為他祈求，好讓他的債務能夠一筆勾銷。不過，我發覺這個人一直都在想，萬一他付不出錢的時候該向對方說什麼，等於把我說的話的力量都抵銷了——他應該想像自己已經還清了債務才對！

聖經記載了一個類似的精彩故事：沙漠裡有三個國王，他們的隨從跟馬兒都沒有水喝，因此去請教先知以利沙該怎麼辦。以利沙給了他們一個令人震驚的答案：「耶和華如此說：你們雖不見風，不見雨，這谷必滿了水。」

我們必須未雨綢繆，為自己所祈求的事做好準備，即使我們完全看不到任何夢想成真的跡象。

有位女士必須在年中找到一間新公寓，可是那時紐約的公寓短缺，看來是找不到了。她朋友很替她難過：「這真是太糟了，妳恐怕得先把家具收起來，住進旅館了。」可是她卻對朋友說：「你不必替我感到難過。我是超人，絕對可以找到公寓。」接著她這樣說：「無窮的上天啊，請為我預備一間適合的公寓吧！」因為她知道自己所有的需求，神都為她準備好了；她是「無限的」，而這些事是在靈性層次上運作的，「你們一人必追趕千人。」

她還考慮為新居買幾條新毛毯，但是「誘惑者」——也就是負面想法或理智卻告訴她：「不要買，或許最後妳根本就找不到新公寓，那不就用不著這些毛毯了。」不過，她很快（告訴自己）說：「我要買幾條毛毯，就當作是為自己挖的『溝渠』！」她為了住進新公寓做足準備，就好像自己已經找到新公寓似的。

最後，她奇蹟似的找到一間新公寓，而且是在兩百多位申請人之中雀屏中選的。因為她所買的毛毯，顯示了她積極的信念。

當然，最後那三個國王在沙漠裡挖的溝渠，也儲滿了大量的水。

對一般人來說，要真正瞭解靈性法則並不是那麼容易，因為潛意識會出現懷疑及恐懼等負面的想法，這些想法就像是「敵對的軍隊」，必須被迎頭痛擊，這也說明了為什麼「黎明前的夜晚最黑」——通常在靈性法則實現之前，一定會出現許多令人困擾的念頭。因此，在發現至高的靈性真理之前，我們必須先挑戰自己潛意識裡老舊的觀念，並摒除「已經曝露出來的錯誤」。

當我們持續堅守靈性真理的信念時，也要以**喜悅的心情**為已經擁有的事物**獻上感謝**。因為「各樣美善的恩賜和各樣全備的賞賜」其實早就準備好了，只等待著我們去發掘——「他們尚未求告，我就應允。」

但是，人們只能收到自己看得見的東西。

神告訴以色列的子民說，只要放眼看得見的土地都將歸他們所有。這句話對每個人都適用，**人只能擁有自己預見力（vision）之內的那片天地**。所有偉大的作品、重大的成就，都是經由這種預見力才得以實現——只不過，在獲得重大的成就之前，人往往會遭遇到失敗與挫折。

當以色列子民抵達「應許之地」（Promised Land）時，大家都不敢貿然走進去；因為聽說那裡到處都是巨人，與巨人相形之下，他們覺得自己就像是一隻隻蚱蜢。「我們在那裏看見偉人。據我們看，自己就如蚱蜢一樣。」這幾乎是每個人都有的經驗。

然而，懂得靈性法則的人是絕對不會被表象所困擾的，就算是他已經「身陷束縛」，也可以歡喜快樂，這是因為他能夠保有自己的預見力，也會為最後得到的一切獻上感謝。

耶穌給了我們一個驚奇絕妙的例子。他對門徒說：「你們豈不說『到收割的時候還有四個月』嗎？我告訴你們，舉目向田觀看，莊稼已經熟了，可以收割了。」耶穌清楚的預見力深深影響了「物質世界」，他也明明白白地看到了四度空間，那裡的事物是呈現原本的樣子，也就是在上天的旨意中完美無缺的模樣。

所以，我們必須掌握關於人生旅程終點的預見力，**並要希望我們已經擁有的東西付諸實現**。這些東西可能是良好的健康、愛、富足、自我表現、家庭以及朋友，它們都會在上天的旨意（也就是個人的超意識）中完成，並且是**透過人來完成**，而非直接賜予人。

有個人曾經問我怎麼樣才會成功。他為了自己的公司，必須在限期內籌到五萬塊。當他非常沮喪地來找我時，籌錢的期限就快到了。沒有人想投資他的公司，銀行更是斷然拒絕讓他貸款。

「我想你一定在銀行發了頓脾氣，力量也跟著消失了。如果你能先控制自己，就能控制任何場面。」然後我又說，「回去銀行，我會繼續為你祈求。」接著，我為他祈禱：「你在愛中與銀行每個人的靈合而為一，讓上天的意念在這裡顯露出來。」

不過，他回答說：「小姐，妳說的根本就是天方夜譚。明天是星期六，銀行十二點就關門了。我搭的那班火車十點以前根本就到不了，而且付錢的期限就是明天了。他們再怎麼樣，都不可能貸款給我。一切都太遲了。」

於是，我這樣告訴他：「神不需要任何時間，也從不為時已晚。對祂來說，凡事都有可能。」我又接著開口：「或許我對生意一竅不通，但我對神可是瞭解得很。」

他回答道：「當我坐在這裡聽妳說這些話的時候，一切好像都沒有問題，可是等我走出去，就不是這麼回事了。」

他住在離這裡很遠的城市，所以我有整整一個星期完全沒他的消息。後來，他寫了封信給我，上面寫道：「妳說對了。我籌到了那筆錢，我再也不懷疑妳說的事實了。」

幾個星期後，我見到他時問他：「發生了什麼事啊？顯然你有很多時間去籌錢嘛！」他說：「因為火車誤點，所以我到銀行的時候，還差十五分鐘就十二點了。我悄悄地走進去說：『我是來申請貸款的。』結果，他們連問都沒問，就貸給我那筆錢。」

那是無窮的上天送給他的最後十五分鐘，祂永遠不會延遲給我們需要的東西。在這個例子之中，那個人一直覺得自己無法一個人貸到款，因此他需要其他人幫忙守住他的預見力，這也是我們每個人都應該替其他人做的事。耶穌瞭解這個真理，他說：「若是你們中間有兩個人在地上同心合意地求甚麼事，我在天上的父必為他們成全。」

■當我們與攸關自己的大事距離太近的時候，自然而然會產生懷疑及恐懼。

■朋友或「治癒者」可以清楚地看到旁人的成功、健康或財富，而且不會猶豫不決，因為他們置身事外。

■幫助其他人「實現願望」，比為自己祈求要容易得多。所以，當我們猶豫不決時，應該不吝於**向別人求助**。

曾經有位對生命有著敏銳觀察力的人說：「只要有人認為某甲會成功，某甲就不可能失敗。」這就是預見力的力量。這也是為什麼許多偉人都將個人的成功，歸功於對他們「有信心」而且對這完美形式從不懷疑的妻子、姊妹或朋友！

1.神是人一切的供應者。只要透過所說的話，就可以得到神授權利的東西。然而，我們必須先對自己說的話有絕對的信心。

2.想要獲得成功，卻始終抱著可能失敗的念頭，最後一定會失敗。

3.即使看不到任何夢想成真的跡象，也要為自己祈求的事物做好準備。

4.在發現至高的靈性真理之前，我們必須先挑戰自己潛意識裡老舊的觀念，並摒除「已經曝露出來的錯誤」。

5.人只能收到自己看得見的東西，只能擁有預見力之內的那片天地。

6.所有偉大的作品、重大的成就，都是經由預見力才得以實現，但在獲得重大的成就之前，往往會遭遇到失敗與挫折。

7．懂得靈性法則的人絕不會被表象所困擾，就算是「身陷束縛」也可以歡喜快樂，因為他能夠保有自己的預見力，並且為最後得到的一切獻上感謝。

8．我們必須掌握人生旅程終點的預見力，並希望我們已經擁有的東西付諸實現。

9．幫助其他人「實現願望」，比為自己祈求要容易得多。所以，當我們猶豫不決時，應該不吝於向別人求助。

吸引好事的說話術

要憑你的話定你為義，也要憑你的話定你有罪。

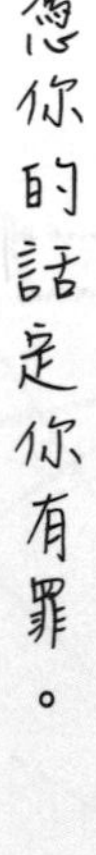

當一個人知道語言的力量有多強大之後，說話自然會變得非常小心，因為他只要觀察自己說的話所產生的效果後，就會明瞭那些話絕不會「無功而返」。透過所說的話，我們可以不斷地為自己訂定規則。

我認識一個人，他總是說：「我老是錯過要搭的車。每次我才剛到，車子就走了。」但他女兒卻說：「我每次都能趕上車子。只要人一到，車子剛好就來了。」

這種情況持續了好幾年。他們父女倆各自為自己設定了規則，一個人是失敗，一個人是成功——這是一種心理迷信。

無論是馬蹄鐵或兔腳（西方人認為馬蹄鐵和兔腳可以帶來好運），實際上都沒有什麼力量，但人們說馬蹄鐵或兔腳會帶來好運並如此深信著時，會創造出潛意識預期的結果，而吸引了「幸運的情況」。不過我發現，在靈性方面開竅得比較早、也瞭解上天遊戲規則的人，這類幸運物反而無法起到類似作用。人沒有辦法走回頭路，所以必須要摒除「虛偽的偶像」。

我班上有兩位事業成功的男士突然在一夕之間「垮掉」了。我們試著找出他們失敗原因，後來我發現，他們不是很肯定自己會成功，也不願意向上天祈求成功與財富，反而是隨身攜帶「幸運猴」。我告訴他們說：「現在我懂了，你們寧願相信幸運猴，也不願意相信上天。」「把幸運猴丟到一邊，請求上天原諒你們。」因為人有能力原諒或抵銷自己所犯的過錯。後來，他們把幸運猴丟到儲藏煤的地下室，結果事業又開始蒸蒸日上了。

這並不表示每個人都得把家裡的幸運物或馬蹄鐵丟掉，不過我們必須瞭解，能夠讓我們再度成功的唯一力量是上天，至於那些幸運物，只不過是給我們預期可以成功的感覺罷了。

有一天我與某位非常沮喪的朋友在一起。當我們穿越馬路時，她撿到一個馬蹄鐵，內心立刻充滿了喜悅與希望。

她說神送給她這個馬蹄鐵，是為了讓她保持勇氣——這是在她撿到馬蹄鐵瞬間，腦子裡唯一冒出來的念頭。

她的期待成為信念，而且在最後也成功地實現了願望。

我想要清楚點出的是，前面提到的那兩位男士只想靠著幸運猴獲得成功，而這位女士卻了解馬蹄鐵力量的來源是什麼。

就個人的經驗來說，我知道有時候要放棄「某些事發生後肯定會讓人失望」的想法，恐怕得花上好一段時間。因為萬一事情真的發生了，失望絕對會隨之而來。不過，後來我發現，能夠改變潛意識這種念頭的唯一方法，就是很肯定地說：「世界上沒有兩股力量，唯一的力量就是神，所以我絕對不會失望。發生了這件事，代表它是個快樂的驚喜。」這樣想之後，情況立刻就改變了，快樂的驚喜開始出現在我的眼前！

我有個朋友說，她打死都不願意走在梯子下方（西方相信從梯子下走過會招致厄運）。我說：「如果妳害怕，是因為妳相信有兩股力量，也就是神與魔鬼，而且這兩股力量是可以互相取代的。但神的力量是不容懷疑的，除非人替自己塑造出假魔鬼，否則不可能有一股與神相反的力量。為了表示妳只相信唯一的力量——神，而且根本就沒有什麼邪惡的力量或魔鬼，下一次當妳看到梯子時，請妳走到它的下面。」

後來有一次，當她趕去銀行打開保險櫃時，走道上剛好有個梯子；如果想要打開保險櫃，就一定得經過梯子下方。她擔心又害怕地離開了，因為她無法面對眼前的障礙。不過當她走回街上，耳邊突然響起了我所說的話，於是她決定回到銀行，走到梯子下面。

這是她生命中重大的一刻，因為此事已經困擾她很多年。她循著原先的路走回保險櫃，沒想到梯子竟然已經不在那裡了！

這種事情經常發生！如果我們決定做件自己一直很怕的事，最後根本就不需要做。這是一種**不抵抗法則**，但很少人瞭解這點。

曾經有人說，勇氣包括天賦與魔力，當我們大膽面對困境時，困境就會自然消失。前面的例子也說明同樣的道理：恐懼吸引了梯子，讓它擋在我朋友面前，而無懼的心卻把梯子移開了。這股看不見的力量就像是個「幕後的操縱者」，經常會產生作用，可惜我們毫不知情。

語言驚人的力量，會讓我們不管說什麼都可以產生**吸引力**。所以，若是我們不斷談到疾病，肯定會吸引疾病上身。

一旦我們瞭解了這個道理，就會對自己說的話非常小心。

我有個朋友老是在電話上說：「一定要來看我喔！我們可以照舊好好聊聊。」所謂「照舊聊聊」的意思，大概會有一個鐘頭是用上五百至一千個負面的字眼說話，然後說的都是些關於損失、缺乏、失敗及疾病的事。

我對那位老朋友說：「不，謝了。我一生當中已經照舊聊了許多，浪費太多時間了。不過，我倒是很樂意跟你聊些新的事，說說我想要什麼，而不是老說我不想要什麼。」

俗話說，人只能為了三個目的而說話，那就是「治療、祝福或求取財富」。我們對其他人說什麼話，別人就會對我們說同樣的話；我們希望別人怎麼樣，就等於是希望自己怎麼樣。

「詛咒像小雞一樣會回老窩（咒罵他人反而會應驗到自己身上）。」若是我們希望別人「厄運連連」，自己一定會招致厄運上身；如果我們希望能夠幫助別人成功，就是希望並幫助自己成功。

身體會透過說出來的話以及清楚的預見力得到更新或轉化，此外，疾病也可以完全從意識中一掃而空。形上學家知道所有的疾病都包含了心理因素，如果要治療肉體的疾病，就必須先「治療心靈」。

心靈屬於潛意識，而且它必須從錯誤的想法中被「拯救」出來。

《詩篇》第二十三章中，「他使我的靈魂甦醒」指出潛意識或心靈必須經由正確的觀念，才能恢復成健康的狀態；除此之外，這兩者（指潛意識和超意識）必須合而為一，而「神祕的婚姻」正是指心靈與靈魂，或是潛意識與超意識的結合。當潛意識充滿了超意識中的完美意念時，上天與人是一體的。「我與父原為一」，也就是說，人活在完美意念的領域中；人是上天依照自己的喜好與形象（image）或想像（imagination）所塑造的，同時祂也賜給人管理自己身心及萬事萬物的能力。

所有的疾病與不快樂，都是因為違背了愛的法則，這種說法當然不會引起任何爭議，不過我在這裡要提供一種新的說法，那就是「彼此相愛」，因為在人生遊戲裡，使用愛與善意是成功的最好方法。

我認識一位女士，她罹患嚴重的皮膚病已經很多年了，每個醫生都告訴她這種病不會好，因此她非常沮喪。她平日靠表演為生，一直很怕自己很快就得放棄工作，而她又沒有其他一技之長。後來她得到一個很棒的演出機會，開幕那晚，她的表演造成了「大轟動」，並得到藝評家大大的好評，讓她感到既開心又得意。沒想到，第二天她竟然接到解雇通知！原來，演出的固定班底中有人對她的成功感到眼紅，做了什麼導致她被老闆解雇了。她又氣又恨地打包好所有東西，然後放聲大哭。「神啊，請祢讓我不要恨那個人！」當天晚上，她在「靜默」中工作了幾個小時。

她說：「我很快進入一種非常深沉的寂靜。我覺得跟自己、跟那個人、以及跟整個世界都處於非常和平的狀態，而且連續兩個晚上都是這樣。到了第三天，我發現皮膚病竟然不藥而癒了！」因為她向上天祈求自己能夠擁有愛或善意，實踐了靈性法則（「所以愛就完全了律法」），於是疾病（來自潛意識的憎恨）就消失了。

不斷指責別人會導致風濕病，就像挑剔、不諧調的思想，會導致身體關節的血液不正常阻塞；至於嫉妒、憎恨、無法原諒、恐懼等則會導致腫瘤。每種疾病的發生，都是因為心理方面的不舒服。有一回我在課堂上說：「問一個人『你是怎麼了？』並沒有幫助。我們應該問：『是誰惹你不高興了？』」無法原諒別人的念頭最容易引起疾病，它會造成動脈硬化或肝硬化，還會影響視力及其他許多病症。

有一天我去拜訪某位女士，她吃了有毒的牡蠣生病了。我告訴她說：「喔，不對，牡蠣一點都沒毒，是妳把它變有毒了。妳到底是怎麼了？」她回答說：「唉，跟十九個人有關。」原來她跟十九個人吵架，心理很不平衡，才會吃到不該吃的牡蠣。

身體有任何的不舒服，就表示心理層面一定有不平衡的地方——「誠於中，形於外。」所以，人唯一的敵人就是他自己，「人的仇敵，就是自己家裏的人。」

個性是我們終究必須克服的敵人，因為這個星球之所以存在，在於這世界有愛。這就是耶穌所要傳遞的信息：「世界和平，幸福就會臨到人們身上。」因此，被這個信息啟發的人，會用最好的一面對待周遭的人。他的工作就是向人傳遞善意與祝福，而且最奇妙的是，若是我們願意祝福另一個人，對方就無法傷害我們。

有個朋友來找我「祈求」生意成功。他做的是機械買賣，不過，自從競爭對手出現，並且不斷宣稱產品更好之後，他就很擔心生意會被對方打垮。

我告訴他：「首先，我們必須去除所有的恐懼，瞭解上天會保護你的利益，而他的旨意會在這裡顯露出來；也就是說，適當的機器會賣給適當的人。」接著我又說：「千萬不要對那個人心懷惡意，你應該經常祝福他。如果你有任何不好的念頭，就不該賣你的機器。」

後來，他去開會的時候，心中已毫無恐懼，也沒有任何抗拒了，他只是誠心地祝福對方。

最後，他的銷售數字十分亮眼，因為對手的機器出了點狀況，所以他沒有故障的機器賣得非常好。

「只是我告訴你們這聽道的人，你們的仇敵，要愛他！恨你們的，要待他好！咒詛你們的，要為他祝福！凌辱你們的，要為他禱告！」

傳遞善意的人會為自己形成保護光環，而且，「凡為攻擊你造成的器械必不利用。」換句話說，愛與善意可以摧毀我們內心的敵人，所以外在的世界就沒有任何敵人了！

「在地上平安歸與他所喜悅的人。」

1. 透過所說的話，可以不斷地為自己訂定規則。

2. 勇氣包括了天賦與魔力。大膽面對困境，困境就會自然消失。

3. 語言驚人的力量，會讓我們不管說什麼都可以產生吸引力。

4. 人只能為了三個目的而說話，那就是：治療、祝福或求取財富。

5. 我們對其他人說什麼話，別人就會對我們說同樣的話；我們希望別人怎麼樣，就等於是希望自己怎麼樣。

6. 要治療肉體的疾病，必須先「治療心靈」。

7. 心靈屬於潛意識，必須經由正確的觀念，才能恢復成健康的狀態。

8．所有的疾病與不快樂，都是因為違背了愛的法則。在人生遊戲裡，使用愛與善意是成功的最好方法。

9．身體不適、疾病的發生，都是因為心理層面的不舒服、不平衡。

10．無法原諒別人的念頭最容易引起疾病。

11．人唯一的敵人是他自己，個性則是我們終究必須克服的敵人。

12．傳遞善意的人會為自己形成保護光環，對方就無法傷害我們。

13．愛與善意能摧毀內心的敵人，所以外在的世界就沒有任何敵人了！

不抵抗的成功力量

不要與惡人作對。你不可為惡所勝，反要以善勝惡。

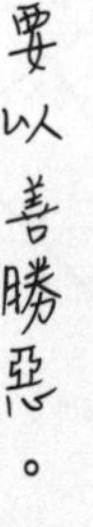

世上沒有任何事可以對抗「完全不抵抗的人」。中國人說，水是最有力量的元素，因為它是最不抵抗的物質。它能穿透岩石，也能席捲眼前的一切。

耶穌說：「不要與惡人作對。」因為他知道世界上沒有絕對的惡人，因此用不著跟別人作對。惡人往往來自於「無謂的想像」，或者是相信世上有良善與邪惡兩股力量存在的信念。

遠古時代的一個神話指出，亞當與夏娃因為吃了「幻境之樹」（Maya the Tree of Illusion）的果實才會看到兩股不同的力量，他們看到的不只是來自上天的力量。

因此，邪惡是我們透過「沉睡心靈」所創造出來的錯誤法則。「沉睡心靈」指一個人的心靈深信某些世俗的思想（罪惡、疾病及死亡等等），發生在他身上的事正反映出他的想像。

前面我們已經提過，一個人的心靈就是他的潛意識，他所感受到的一切，無論有多深多淺或多好多壞，都會被潛意識這個忠實的僕人展現出來。我們的肉體與經驗會呈現出自己的想像力，所以病人想的都是疾病，窮人想的都是貧困，而有錢人想的都是財富。

人們常問我：「為什麼小孩子會吸引疾病上身？他們年紀還那麼小，根本就不知道那是什麼啊！」我的回答是，小孩子對於別人怎麼想他們十分敏感，也很容易接受，尤其是父母內心的恐懼。

我聽過一位形上學家說：「若不控制自己的潛意識，其他人會來控制它。」

做媽媽的經常在潛意識裡為孩子招來疾病，因為她們總是充滿恐懼，密切留意著可能出現的各種疾病。

朋友問一個女人她女兒得過麻疹沒有。那女人很快回答說：「還沒有！」這句話暗示了她正預期著女兒得麻疹，而且已經準備好要面對這件她跟女兒都不想發生的事。

然而，一個注意力集中，而且有正確觀念的人，只會對周遭傳遞好的念頭；一個心中沒有恐懼的人，不會受到其他人負面思想的干擾或影響。

事實上，他只會接受別人好的想法，就像他總是散發出好念頭給別人一樣。

■抵抗就像是人間地獄，只會讓我們陷入「痛苦的狀態」。

有位形上學家告訴我，成功玩一場人生遊戲的訣竅，就是完全不抵抗。他教導我說：「在我生命中有段期間負責替孩子施洗，當然，他們有各式各樣的名字。現在我替生命中發生的事施洗，而且替每件事都取了同樣的名字。若是我失敗了，就以聖父、聖子、聖靈的名替它施洗，希望它成功。」

在這個例子中，我們可以看到建立在不抵抗法則上的轉化方式。透過這位形上學家所說的話，每次的失敗都可以轉化為成功。

有位女士很需要錢，也瞭解靈性財富法則，但她生意卻老是失敗，因為她身邊有個男人老是讓她覺得自己很窮。這個男人嘴上一天到晚說些匱乏、限制之類的事，而她也開始接收了這些困窘的思想。

她很不喜歡這個男人，覺得都是他害她生意失敗。她知道若是想得到需要的東西，必須先**感覺**已經得到了——她必須在真的很有錢之前，就覺得自己很有錢。

有一天她突然明白了這個道理。那時她一直處於抗拒自己沒錢的狀態，也覺得善良與邪惡兩股力量同時存在。於是她開始為那個男人祝福，並為自己的處境進行洗禮以祈求「成功」！

她很肯定地說：「世界上只有一股力量，那就是神，而那個男人會為我帶來好運與財富。」（雖然過去他所做的一切，似乎不是如此。）後來透過那個男人，她遇見一位女子，成功地做了筆生意，賺了好幾千塊，而那個男人也因為搬到很遠的地方，兩人和平分手了。

我要說的是，「人人都是你的貴人」，因為人人都是**上天旨意的顯現**，等待著我們給自己一個機會，來為人生的天意計畫效勞。

■「為你的敵人祈福，他將不再與你為敵。」他手上的弓箭也會轉化為祝福。

■不抵抗法則不只適用於個人，也適用於國家。祝福一個國家，將愛與祝福散播到那個國家的每個人身上，會使這個國家喪失傷害其他人的能力。

只有透過靈性上的領悟，才能真正瞭解不抵抗的真義。我學生常說：「我不想要老是輸給別人。」我則回答他們說：「若是你能運用智慧來使用不抵抗法則，沒有人會贏你。」

有天我等一通很重要的電話等得很不耐煩，但我耐性地接聽每通電話，自己則一通也沒打，深怕萬一打電話出去，會接不到那通很重要的電話。

我沒有說：「上天的旨意永遠不會產生衝突，那通電話會在適合的時間打進來。」也沒把事情交給無窮的智慧來安排，反而自己開始動手做事——我為自己設下了陷阱，沒有遵循上天的旨意，結果變得很緊張、很焦慮。後來的一個鐘頭，電話鈴始終沒響，我瞄了一眼電話，發現話筒過去一個鐘頭都沒掛上，根本就接不通。因為焦慮、恐懼及失去信心擾亂了一切，我竟然沒注意到話筒沒放好。在發現自己的錯誤後，我立刻為這個狀況祈禱，希望自己「成功」，然後我很篤定地說：「透過上天的旨意，我絕對不會漏接任何一通電話；我是活在上天的恩典裡，而不是他的律法中。」

我朋友很快地到離我家最近的電話那兒，要通知電話公司重新接通電話（當時仍由接線生轉接電話，所以必須通知已掛好話筒）。她跑進一間很多客人的藥局，可是老闆卻丟下一屋子的客人，拚命忙著講電話。然而，此時我的電話接通了，而且兩分鐘後就接到一通很重要的電話；一個鐘頭後，我也接到那通等了很久的電話。

只有在風平浪靜時，船才能夠駛進港灣。

若是抗拒現實處境，反而會脫離不了現實；若是想盡辦法逃開，現實處境反而會如影隨行。

有一回，我把上面那個案例告訴一位女士，她跟我說：「這真是太真實了！我在家很不快樂，我很討厭我媽，因為她很挑剔，又喜歡控制人，我為了逃離她而結婚。可是，後來我等於是跟我媽結婚，因為我先生非常喜歡她，所以我還是得面對同樣的狀況。」

■「你同告你的對頭還在路上，就趕緊與他和息。」請相信敵對的狀態沒什麼不好，也不要被這種狀態所干擾，因為它最後一定會自然而然地消失。「這些事對我一點影響也沒有」是種很好的肯定說法。

■不和諧的狀況，來自於內心的不和諧，但只要我們對內心的不和諧無動於衷，這種狀況就會在眼前永遠消失。所以說，事在人為。

人們常對我說：「請妳治療我丈夫或我兄弟而讓他改變吧！」我會告訴她們：「不，我要治療妳、讓妳改變；當妳改變之後，妳丈夫跟妳兄弟就會改變了。」

我有個學生習慣說謊。我告訴她這是很不好的習慣，因為如果她說謊，別人就會對她說謊。她回答說：「我不在乎！我沒辦法不說謊。」

有天她打電話給她深愛的男人，後來她跟我說：「我不相信他說的，我知道他對我說謊。」我說：「那是因為妳自己說謊，所以別人才會對妳說謊。而且我敢說，妳一定非常不希望他對妳說謊。」過了一段時間，我又見到那個學生，她說：「我改掉說謊的毛病了。」

我問她：「是什麼治好妳的？」

她說：「因為我發現跟我住在一起的女人，說謊的毛病比我還嚴重！」

■我們往往會從別人身上看到自己的缺點，進而改正那些缺點。

■人生好像一面鏡子，我們常在朋友身上看到自己的影子。

活在過去是種錯誤，也違反靈性法則。所以耶穌不會介意過去，希望人把握當下：「看哪，現在正是悅納的時候！現在正是拯救的日子。」而羅德的妻子也因為在逃命時未聽從誡命，因「不捨」而回頭一望，結果變成了鹽柱。

過去及未來是時間的竊賊。我們應該祝福過去，然後忘掉它；若是過去發生的事成了負擔，那麼就祝福未來吧！並瞭解未來有無限的欣喜在等待著我們。不過，我們必須全心全意地活在當下。

有一次，一個女人跑來找我，抱怨她沒錢買耶誕禮物。她說：「去年都不會這樣，那時我手上有不少錢，買了不少很好的禮物送人，可是今年我連一毛錢也沒有。」

我對她說：「若是妳表現出一副很可憐的樣子，而且又沉緬在過去的回憶，就不可能有錢。全心全意地活在當下，準備好送人耶誕禮物。只要妳準備好了，錢自然就會來了。」她興奮地叫出聲來：「我知道該怎麼做了！我要買些用來裝飾耶誕樹的金線、耶誕慈善郵票，還有包裝紙。」我告訴她：「這麼做，禮物就會出現，而且上面還會貼著耶誕慈善郵票。」

這個故事同樣也顯示了，就算是理智告訴我們「當不確定會有錢時，千萬不要花掉手上一毛錢」，也不必害怕沒有錢，而且要對上天充滿信心。

後來這個女人買了慈善郵票、包裝紙及金線，結果在耶誕節前幾天，她得到好幾千塊。因為她買了慈善郵票及金線，在潛意識裡留下深刻的期待，並且為金錢的到來開啟了大門。那段時間，她買了一大堆禮物。

■我們要活在當下。「好好把握今天吧！這是向黎明致敬的最好方式。」

我們必須在靈性上有所警覺，並且耐心等待靈性的指引，然後充分地把握每一個機會。

有一天，我不斷（默默地）祈禱說：「上天啊，千萬不要讓我錯失任何一個重要的指引。」當天晚上，便有人告訴我一件很重要的事。

用正確的話語展開新的一天，是非常重要的。試著在剛起床的時候，很快地說一段禱詞，例如：「願你的旨意成全！今天是圓滿的一天；我為這完美的一天獻上感恩，因為奇蹟與驚喜將會接二連三地出現。」養成每天**起床時**說段禱詞的習慣，會發現生命中不斷地出現奇蹟與驚喜。

某一天早上，我挑了一本書來閱讀，上面有句話是這樣寫的：「看看你眼前發生的奇蹟！」這段話就像是在預告我今天會發生什麼奇蹟似的，於是我一遍又一遍地重複這句話：「看看你眼前發生的奇蹟！」結果，大約是中午的時候，我竟然得到了一大筆錢！而且，其實為了某個特殊目的，我一直很想得到這筆錢。

後面的章節中，我將告訴大家最有效的祈求禱詞。不過，除非對自己所說的話完全滿意，並且在意識上也相信如此，否則千萬**不要隨便祈求**。此外，祈求的說法也會因人而異，而下面這個說法對很多人都很有用：「我透過很好的方式，得到一份很好的工作；我提供很好的服務，而得到很好的待遇。」

這句話的前半段是我告訴學生的，後半段是其中一個女學生自己加上去的。因為「提供很好的服務而得到很好的待遇」這句禱詞是這麼強而有力，所以它可以很容易地進入潛意識裡。這個女人大聲唱誦這句話，很快就透過很好的方式得到很好的工作，而且還因為提供很好的服務，得到了很好的待遇。

我有個做生意的學生也用了這句話，不過為了用在生意上面，他把它改了一下；他不斷地說：「我透過很好的方式，做了一筆很好的生意；我提供很好的服務，也得到很好的待遇。」

當天下午，他就做成了一筆四萬一千塊的生意，而他已經有好幾個月沒有生意上門了。

祈求時用的每個字都要很小心，而且一定要把祈願全部都「包含在內」。

有個很窮的女人，不斷祈求找到工作，後來她得到很多份工作，卻沒拿到半毛錢。現在她知道要在禱詞裡加上「提供好服務，也得到好待遇」。

人天生就該活得很豐足，而不是只活得夠用而已！「他必使你的糧倉充滿食物，且福杯滿溢。」這是上天賜給我們的恩典。只要我們消除自己意識裡匱乏的想法，人生的黃金期很快就會到來，而我們心中所有正直的渴望也將得到滿足。

1. 世上沒有任何事可以對抗完全不抵抗的人。

2. 世界上沒有絕對的惡人，因此用不著跟別人作對。邪惡是我們透過「沉睡心靈」所創造出來的錯誤法則。

3. 肉體與經驗會呈現出自己的想像力，所以病人腦海裡想的都是疾病，窮人想的都是貧困，而有錢人想的都是財富。

4. 若是你不控制自己的潛意識，會有其他人來控制它。

5. 抵抗就像是人間地獄，只會讓我們陷入「痛苦的狀態」。

6. 「人人都是你的貴人」，因為人人都是上天旨意的顯現，等待著我們給自己一個機會來效勞人生的天意計畫。

7．「為你的敵人祈福，他將不再與你為敵。」他手上的弓箭會轉化為對你的祝福。

8．祝福一個國家，將愛與祝福散播到那個國家的每個人身上，會使這個國家喪失傷害其他人的能力。

9．只有透過靈性上的領悟，才能真正瞭解不抵抗的真義。

10．只有在風平浪靜時，船才能夠駛進港灣。

11．抗拒現實反而會脫離不了現實；老是逃避，現實反而會如影隨行。

12．敵對的狀態沒什麼不好，也不要被這種狀態所干擾，因為它最後一定會自然而然地消失。請大聲說：「這些事對我一點影響也沒有。」

13．不和諧的狀況，來自於內心的不和諧。當我們以無動於衷面對內心的不和諧時，這種狀況就會永遠消失在眼前。

14．人生好像一面鏡子，我們常在朋友身上看到自己的影子。我們往往會從別人身上看到自己的缺點，進而改正那些缺點。

15．祝福過去，然後忘掉它；若是過去發生的事成了負擔，那麼就祝福未來，並瞭解未來有無限的欣喜。不過，我們得全心全意地活在當下。

16．不必害怕沒有錢，而且要對上天充滿信心。

17．要活在當下。

18．我們須先在靈性上有警覺，並等待靈性的指引，然後把握每個機會。

19．在剛起床的時候，很快地說一段禱詞。例如：「願你的旨意成全！今天是圓滿的一天；我為這完美的一天獻上感恩，因為奇蹟與驚喜將會接二連三地出現。」

20．養成每天起床時說禱詞的習慣，會發現生命中不斷出現奇蹟與驚喜。

21．祈求時用的每個字都要很小心，而且一定要把祈願全部都包含在內。

22．人天生就該活得很豐足，而不是只活得夠用而已！

迴力棒人生

我們想要得到什麼，就得先付出什麼。

人生遊戲的規則就像玩迴力棒。我們的思想與言行，遲早會以令人驚訝的精準回到自己身上。這就是因果（Karma），也是梵文裡「回應」的意思。「人種的是甚麼，收的也是甚麼。」

有個朋友告訴我她自己的故事，充分證明了這個法則。她說：「我對我阿姨所做的一切，全部都回到我身上了。不管我對她說了什麼，別人遲早會對我說同樣的話。我在家脾氣很不好，有天吃晚飯時她一直講話，我對她說：『別再說了，我想安安靜靜地吃飯。』」

「第二天，我跟一個女人吃午餐，希望她對我留下好印象。我興致勃勃地跟她聊天，沒想到她竟然說：『別再說了，我想安安靜靜地吃飯！』」

我這位朋友的意識境界較高，所以業力回報也來得比別人快。

一個人知道的愈多，責任就愈重；一個瞭解靈性法則的人若不去實踐，結果只會更加痛苦。「敬畏耶和華【Lord】（法則【law】）是智慧的開端。」如果我們能把主（Lord）理解成法則（law），那麼，聖經中的許多經文就會更清晰好懂了。

「主（法則）說：伸冤在我，我必報應。」這是因果法則在施行報應，而非神本身。神認為人很完美——神「照他的形象【image】（想像【imagination】）造男造女」，並且給予人「權柄與能力」。這是上天旨意中有關人的完善思想，等待著我們去瞭解；因為我們只能成為自己眼中的模樣，也只能獲得自己認為可以得到的東西。

俗話說：「若是沒有旁觀者，任何事都不會發生。」我們要先在自己的想像中看到自己的成功或失敗、快樂或痛苦，這些經歷才會轉化為可以看見的事實——從做母親的想像孩子生病或做太太的想像丈夫成功，我們就可以觀察到這點。

耶穌說：「你們必曉得真理，真理必叫你們得以自由。」所以，我們知道（擺脫一切不愉快情況之後的）自由來自於知識——靈性法則的知識。

當一個人順從靈性法則時，法則就會順從他、照著他的意思走；在靈性法則為我們服務之前，我們必須先順從法則的走向。如果我們無知地運用它，反而會成為自己的致命傷。所以，請隨時遵循這個法則！

有位意志堅定的女人很想要擁有某棟房子，可是那棟房子是她朋友的，所以她經常想像自己住在那棟房子裡。過了一段時間，她的朋友過世了，她搬進那棟房子。過了幾年，在她終於瞭解靈性法則後，便來問我：「你認為是我害死了那個朋友嗎？」我回答說：「沒錯，因為妳想要那棟房子的欲望非常強烈，所以一切都是在為這件事鋪路。不過，妳也會為這件事付上因果的代價，妳深愛的丈夫很快就會過世，而妳則會擁有這棟沒有意義的房子許多年。」

不過，原來的屋主或她丈夫，並不完全是受到她想要房子的念頭影響才會遭到不幸；這兩個人都是受到因果法則的影響而去世的。那個女人應該這樣祈求說（感覺自己強烈渴望那棟房子）：「無窮的智慧啊！請賜給我真正屬於我的房子，就跟這棟房子一樣迷人，而且是神授權利屬於我的。」

■上天會賜給我們最能夠滿足、而且會帶來好處的東西。天意是我們唯一可以遵循的安全法則。

欲望是一種強大的力量，我們必須將它導入**正確的方向**，否則它將會導致混亂。從上面這個例子中我們可以發現，最重要的就是第一步，也就是「要求要正確」。一個人的要求，必須要符合神授權利是屬於他的。

要是這個案例裡的那個女人把祈求的話改成：「如果那棟房子註定是我的，就一定跑不掉；如果不是的話，請賜給我一棟同樣迷人的房子。」那麼，原來的屋主可能會毫髮無傷地搬走（因為這是上天為她選擇的房子），或是讓她找到另外一棟自己也很喜歡的房子。

個人意志如果硬將某些力量強加進靈性法則裡面，最後一定會「得到不好的東西」，而且只會獲得「不完全的成功」。

聖經提醒說：「不要成就我的意思，只要成就神的旨意。」有趣的是，當我們放棄了個人意願時，總是會得到自己最想要的東西，從而讓無窮的智慧透過自己來

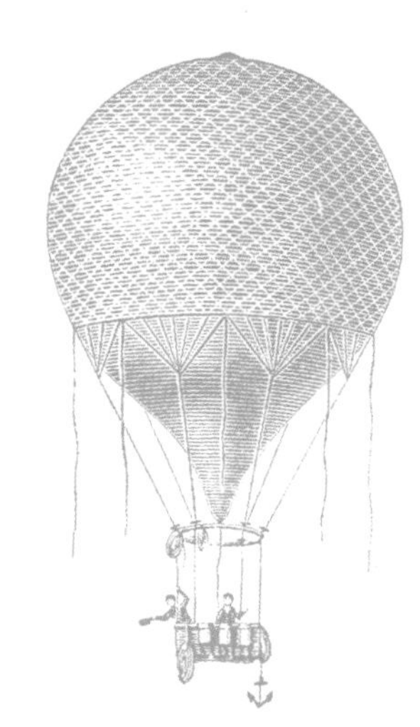

達成心願。「你們不要爭戰，要擺陣站著，看耶和華（法則）為你們施行拯救。」

有個女人很沮喪地來找我。她女兒想展開一趟危險的旅行，做母親的她很是擔心。

這位母親舉出所有反對的理由，指出女兒可能會碰到的危險，所以不准她去，可是女兒反而變得更拗，也更堅決要去了。

我對這位母親說：「妳把自己的意志強加在女兒身上，可是妳沒有權利這麼做，而且妳對這趟旅行的恐懼，反而會促使她成行，因為人永遠會吸引自己害怕的事上身。」接著我說：「放手吧，放開妳心中那雙緊捉不放的手；把一切交在神的手中，然後說這段話：『我把這個情況交給無窮的愛與智慧；如果這趟旅行是上天的旨意，我願意獻上祝福不再反對。如果這不是上天安排的計畫，我也獻上感謝，因為現在這個問題已經消失了。』」

過了一、兩天，女兒對她說：「媽，我不去了。」

那個問題又返回到「原來不存在」的狀態了。

對大部分人來說，學習「擺陣站著」似乎很難（詳見〈不抵抗的成功力量〉）。

我再舉一個關於「人種的是甚麼，收的也是甚麼」的例子，而且這個例子以非常奇怪的方式出現。

有個女人跑來找我說：她在銀行拿到一張二十塊錢的假支票，因此感到非常困擾。她覺得「銀行的人絕對不知道他們搞錯了」。

我對她說：「讓我們分析一下這個狀況，然後找出為什麼妳會吸引這種事情發生。」

她想了幾分鐘後大叫：「我知道了，我送給朋友很多演戲用的假鈔，可那只是好玩而已。」但因果法則不知道是開玩笑，所以她拿到了假支票。

我說：「現在我們要用寬恕法則來化解這個問題。」

基督教是建立在寬恕法則之上——耶穌從因果法則中救贖了人們。當我們面對不順利時，耶穌就在我們心中，成為我們的救贖者，以及救贖。

於是我說：「無窮的上天啊，我們祈求寬恕的法則並獻上感謝，因為她是活在恩典而非律法之下，絕不可能失去神授權利的二十塊錢。」

然後我告訴那個女人：「現在妳回去銀行告訴他們，不要害怕，是他們搞錯了才會給妳假支票。」她如此照做了。出乎她意料之外的是，對方竟然向她道歉，還另外開了張支票給她，而且態度非常的有禮貌。

另外一位女士為了祈求財富而來找我。她對於整理家務沒什麼興趣，家裡總是一團亂。

我告訴她：「如果妳想要有錢的話，做事必須更有條理才行。每個有錢人都很有條理，因為秩序是天堂的首要法則。」接著我又說：「若是妳的針墊上有燒過的火柴，是不可能有錢的。」

她很有幽默感，立刻開始動手整理家裡。她重新安排家具的位置，清理五斗櫃的每個抽屜，甚至還吸了地毯。很快地，一大筆財富就出現了——來自她的親戚。這個女人做了改變，而且一直保持在覺得自己很有錢的狀態。她非常注意外在及期待中的財富，也深知上天是她的供應者。

許多人都忽略了一個事實，那就是任何禮物與事物都是投資；如果儲藏或是囤積一定數量的東西，終將造成損失。「有施散的，卻更增添；有吝嗇過度的，反致窮乏。」

我認識一個人，他想買一件毛大衣。他跟太太逛了好幾家店，都沒有找到他想要的，他覺得是因為他們看起來太窮了。後來，有位店員拿了件毛大衣給他看，告訴他這件大衣原本定價一千塊錢，但是因為是過季款，經理決定打折給他，只要五百塊。

不過，他銀行裡大概只剩七百塊的存款。理智告訴他說：「你買不起一件幾乎要花光所有積蓄的大衣。」不過，他向來非常相信自己的直覺——從來都不是個很理性的人。

於是他轉頭跟太太說：「如果我買了這件大衣，就會賺一大筆錢！」太太很勉強地同意了。

大約過了一個月，他收到一萬塊錢的佣金。因為穿上那件大衣讓他覺得自己很有錢，所以讓他與成功及財富搭上了線；若是沒有那件大衣，他絕不可能得到那筆佣金。這是他投資所得到的大筆獲利！

若是我們忽略了這些指引而不願意花錢投資，同樣金額的錢會以令人討厭或嫌惡的方式消失不見。

有個女人告訴我，她在復活節那天對家人說，她沒辦法準備復活節大餐。雖然她手上有點錢，可是她準備存起來。幾天之後，有人跑到她房間把抽屜裡的錢偷走了，而且金額剛好就是復活節大餐所需要的數目。

只要我們運用智慧，毫不害怕地花錢，靈性法則會永遠在背後支持我們。

我有個學生跟她小姪子去逛街。小姪子吵著要買玩具。可是她說自己沒錢幫他買。後來，她突然發現自己是在祈求匱乏，而忘了上天才是她的供應者！於是，她為小姪子買了玩具。結果，在她回家的途中，竟然就在街上撿到一筆錢，而且數目恰恰好就是買那個玩具的價錢。

完完全全相信靈性法則，就會有取之不盡、用之不竭的資源。不過，我們必須先要有信心，想要的東西才會出現——「照著你們的信，給你們成全了罷。」「信就是所望之事的實底，是未見之事的確據。」因為信心可以穩穩地捉住想像的預見力，讓相反的藍圖煙消雲散，「不可喪志，若不灰心，到了時候就要收成。」

耶穌帶來一個大好的信息（福音），那就是有一種法則可以勝過因果法則，而

且是從因果轉化而來的，這個法則就是**恩典**或**寬恕**；它可以把我們從因果關係中解放出來，「你們不在律法之下、乃在恩典之下。」

在靈性的這個階段我們瞭解到，一個人要怎麼種，先得怎麼栽；上天會將禮物完全賜給我們，因為——「整個世界都是他的。」

■如果我們能克服現實（或世俗）的想法，祝福就會持續降臨在我們身上。

世俗的想法是痛苦的，但耶穌說：「你們可以放心，我已經勝了世界。」

世俗的想法認為疾病與死亡是罪惡，但是耶穌認為它們是不真實的，而且還指出：疾病與哀傷最後總會過去；至於死亡本身，也就是人類最後的敵人，也可以被克服。

現在我們知道，從科學的觀點來說，只要在潛意識裡留下永遠年輕及長生不老的印記，人類可以戰勝死亡。

■潛意識是一種沒有方向感的單純力量，總是忠實地實現我們的要求。

■在超意識（存在於人裡面的耶穌或神）的指引之下，「身體的復活」將得以完成。

從此，我們的身體將不再死去，它將轉化為華特・惠特曼（Walt Whitman）所說的「身體電流」，因為基督教是建立在寬恕罪惡及「空墳墓」之上。

1. 想要得到什麼，就得先付出什麼。

2. 愈瞭解靈性法則，責任愈重，如果不去實踐，結果只會更加痛苦。當一個人順從靈性法則時，法則就會照著他的意思走。

3. 上天會賜給我們最能夠滿足、而且會帶來好處的東西。天意是我們唯一可以遵循的安全法則。

4. 欲望是種強大力量，須將它導入正確方向，否則將會導致混亂，因此最重要的是「要求正確」——人的要求須符合神授權利是屬於他的。

5. 硬將某些力量強加進靈性法則只會得到不好的東西和不完全的成功。

6. 任何禮物與事物都是投資。囤積一定數量的東西，終將造成損失。

7．若我們忽略指引而不願花錢投資，財富會以令人討厭的方式消失。

8．只要運用智慧毫不害怕地花錢，靈性法則會永遠在背後支持我們。

9．相信並對靈性法則有信心，就會有取之不盡、用之不竭的資源。

10．恩典或寬恕從因果轉化而來，並能把我們從因果關係中解放出來。

11．上天會將禮物完全賜給我們，因為「整個世界都是他的」。若是我們克服了現實（或世俗）的想法，祝福就會持續降臨在我們身上。

12．在潛意識裡留下永遠年輕及長生不老的印記，人類可以戰勝死亡。

卸下重擔

在潛意識留下美好的印記。

當我們知道自己的力量在哪裡，又懂得如何運用心智時，一定會非常希望找出既簡單又快速的方法，將美好的事物留在潛意識裡面，因為僅僅靠著有關真理的知識，是無法獲得想要的結果。

根據我個人的經驗，我發現最簡單的方法，就是「**卸下重擔**」。有位形上學家解釋說：「唯一能讓萬物具有重量的是萬有引力。如果把一顆鵝卵石高舉到地球以外的地方，它就會變得沒有重量──這就是耶穌說的：『我的軛是容易的，我的擔子是輕省的』的意思。」耶穌戰勝了這個世界的頻率，可以在四度空間發揮作用；而在四度空間裡，只有完美、圓滿、生活與歡樂。他說：「凡勞苦擔重擔的人可以到我這裏來，我就使你們得安息。」「你們當負我的軛，因為我的軛是容易的，我的擔子是輕省的。」

我們也在《詩篇》第五十五章讀到：「你要把你的重擔卸給主。」聖經裡有許多地方提到爭戰是屬於神的，不是屬於人的；人只要「擺陣站著，看耶和華為你們施行拯救」。這點指出了超意識（或內在的神性）能為我們的爭戰搏鬥，讓我們卸下重擔。因此，如果我們違反了靈性法則而背起重擔，而那個重擔就是負面想法或狀態的話，這種負面想法或狀態就會在潛意識裡生根。

我們不太可能控制自己的意識或理智，將它引導到潛意識的層次。因為理智（或智識）裡包含的概念有限，而且充滿了懷疑與恐懼。

但就科學的角度而言，只要把重擔拋在「能夠減輕負擔」的超意識（或內在的神性）裡，就可以將重擔化為它「原來不存在」的狀態。

有個女人極需要錢，她求助於能夠減輕負擔的內在的神性，也就是超意識，然後說：「我將匱乏（缺錢）的重擔卸下給（內在的）神，就能自由地得到許許多多！」相信匱乏是她的重擔，不過當她把這個重擔交給超意識，伴隨著超意識的豐盛信念，結果就是得到一大批突如其來的供給。

我們都讀過：「基督在你們心裏成了有榮耀的盼望。」

有個學生獲贈一架新鋼琴，但除非把舊鋼琴搬走，否則家裡沒地方放。她感到非常為難，因為她想保留舊鋼琴，又找不到地方擺。當新鋼琴快要送來時，她感到絕望；事實上，那架鋼琴正在送來的路上，而她家根本沒地方可放。於是她開始重複地說：「我把重擔交給內在的神性，我就得到自由了。」幾分鐘後，電話響了，一位女性朋友問她是否願意把舊鋼琴租給她。就這樣，她的舊鋼琴被搬走了，而且是在新鋼琴搬進來的前幾分鐘而已。

我認識的另一個女人，她的重擔是忿怒。她說：「我把忿怒的重擔交給內在的神性，我就自由了，而且會變得討人喜歡、友善及快樂。」全能的超意識帶著大量的愛湧向潛意識，她整個人的生命就改變了。過去有好幾年的時間，忿怒的情緒一直讓她感到非常痛苦，也囚禁了她的靈魂（潛意識）。

這些禱詞必須被一再地重申，有時候幾個小時說一次，有聲或無聲都可以，但是要安靜而堅決地說出來。我常把說禱詞比喻成替手搖留聲機上緊發條，我們必須用說出來的話為自己上緊發條。

我還注意到，當我們「卸下重擔」不久，就會看得更清楚。當一個人的世俗念頭裡充滿了痛苦，就不可能會有清楚的視野。懷疑及恐懼會毒化身心，讓想像力變得混亂，進而吸引災難與疾病上身。因此，請堅定並不斷重複地說：「我把重擔交給內在的神性，就可以得到自由了。」這麼一來你的視野就會更清楚，並感到如釋重負，而且遲早會發現健康、快樂、富足的美夢成真。

有一回，學生問我如何解釋「黎明前的黑暗」，這句話是指在美好的事物實現之前，經常會感覺「每件事好像都有問題」、意識裡也總是充滿了深沉的沮喪。

這是因為潛意識裡盡是經年累月堆積起來的懷疑與恐懼；這些老問題會浮出表面，它們應該要被消除。這個時候，我們應該要像約沙法一樣，即使四周仍圍繞著敵人（處於匱乏或生病的狀態），還是要敲打鐃鈸感謝自己得救（約沙法是猶大王亞撒之子，他因為行事作風非常正直，所以得到神的祝福。在危難戰役中，約沙法因為深信上帝會拯救他們，所以命軍隊提前唱起勝利之歌，並將榮耀歸於上帝）。

學生繼續問我：「一個人要待在黑暗中多久？」我回答說：「直到他在黑暗中看得到其他東西為止。」而且「卸下重擔可以在黑暗中看得更清楚」。

■為了在潛意識留下印記，一定要有積極行動的信念。

■「信心沒有行為也是死的。」

耶穌以先為麵包和魚獻上感謝，然後再「吩咐大批群眾坐在地上」來表達他積極的信念。

積極行動的信念就像一座橋樑，我們可以經由這座橋樑走向應許之地。

我再舉個例子來說明這個步驟的重要性。

有個女人因為誤會而與深愛的丈夫分手了。她丈夫拒絕一切和解，也不願與她溝通。

這個女人瞭解靈性法則的知識，因此她否定自己與丈夫分開的表象。她這麼祈求說：「在上天的旨意裡沒有分離，所以我也不會因為神授權利與愛人及伴侶分開。」

為了表現積極行動的信念，她每天都在餐桌上為丈夫保留位置，在潛意識裡留下丈夫會回來的畫面。過了一年，她還是堅持這麼做，始終沒有動搖。有一天，她丈夫這麼就走進來了。

借助音樂通常有利於在潛意識留下更深刻的印記。音樂具有四度空間的特質，可以解放禁錮的靈魂、可以讓看起來不可能的事情成真，而且簡簡單單就能實現！

為了達到這個目的，我有個朋友每天都用手搖式留聲機。這麼做能讓她沉浸在完美無瑕的和諧中，讓想像力自由地奔馳。

還有個女人經常邊祈求邊跳舞。音樂的節奏、旋律與舞步，讓她說的話產生巨大的力量。

此外，我們也要記住，不要輕視「一天之中的小事」。在夢想成真之前，一定會有「陸地的徵兆」。

哥倫布抵達美洲之前看到了小鳥及小樹枝，這表示他距離陸地不遠。所以這是夢想成真的徵兆。

不過我們經常誤解了這些徵兆本身，而感到非常失望。

有個女人「祈求」得到一套餐具。不久，朋友送她一只又老又破的餐盤。她向我抱怨：「很好！我祈求的是一套餐具，但我卻只得到破盤子！」

我回答她：「這個盤子只是陸地的徵兆。它顯示了你想要的餐具快要到了——你應該把它當作是看到陸地之前的小鳥跟海草。」過了不久，她果然得到一套餐具。

請持續不斷地「讓自己相信」，而在潛意識裡留下印記。如果深信自己很有錢，而且很成功，「時候到了，他就要歡喜收割。」

■孩子們總是很容易「讓自己相信」某些事，而且——「你們若不回轉，變成小孩子的樣式，斷不得進天國。」

我認識一個很窮的女人，沒有人能讓她感覺到自己很窮。

她替一位有錢朋友工作，只能賺一點錢，而這位朋友老是提醒她有多窮，要她小心把錢存起來。不過，這女人卻完全無視於朋友的警告，老是把所有賺來的錢拿去買帽子，或是買禮物送人，沉醉在欣喜的心境中。她把心思都放在美麗的衣服及戒指首飾，但不嫉妒別人。

她生活在一個奇妙的世界裡，對她而言，似乎只有財富才是真實的。前不久她嫁給一個富翁，戒指與首飾也變得真實可見了。我不知道她丈夫是否是「上天的選擇」，不過當她只想像著富裕時，生活也確實變得更富裕了。

■若我們不消除潛意識裡所有的恐懼，就不會得到平靜與快樂。恐懼會誤導能量，所以必須要導正它，把它轉化成正確的信念。

耶穌說：「在信的人，凡事都能。」

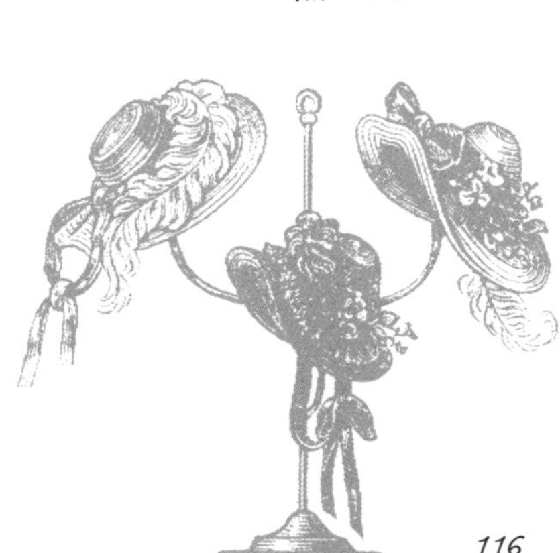

我的學生常問我：「該如何消除恐懼？」我的回答是：「勇敢面對你所恐懼的事。」「因為你的恐懼，獅子才會凶猛。」只要走向獅子，牠就會消失；一味地逃走，牠會追著不放。我在前面幾章也提過，只要沒有恐懼地花錢，匱乏的獅子就消失了。這顯示相信神是我們的供應者，就不會匱乏。

我有許多學生都擺脫不了貧窮的束縛，不過自從他們消除了對花錢的恐懼後，現在都過得很富裕。因為他們在潛意識裡留下上天是給予者及禮物的事實；因此，一旦他們與給予者合而為一，就等於是與禮物在一起。

有句很棒的禱詞是這樣的——「現在我為了上天是我的禮物而感謝這位給予者。」從此，我們再也不會與美好和需要的事物分隔開來。

當我們的腦海裡充滿了分離與匱乏的思想到達某個程度時，得用炸藥才能把這些錯誤的思想從超意識中除去，這是非常嚴重的問題。

從前例中我們可以看到，一個人如何透過沒有恐懼而從束縛中得到解脫。所以，我們應該隨時注意自己，檢查自己付諸行動的動機是基於恐懼、還是信念。「今日就可以選擇所要事奉的」，看我們要選擇的是恐懼或是信心。

恐懼或許是個性使然。那麼，千萬不要逃避自己害怕的事，而是要充滿喜悅地面對它，因為如此將可以證明「每個人都是你的貴人」，而恐懼的事就會自眼前平靜地消失無蹤。

只有在自己的頻率與病菌相同時，才會感染病菌，而恐懼會把我們拖到跟病菌同一個層次。當然，病菌導致疾病是「肉體思想」的產物，因為所有的思想都必須具體顯化出來。在超意識或上天的旨意裡，病菌並不存在，因此它是我們「虛妄的想像」之下的產物。當我們瞭解邪惡不具任何的力量時，「眨眼之間」，就會感到如釋重負。

■物質的世界會消逝，至於四度空間，也就是「奇妙的世界」（World of the Wondrous），將會轉化為具體的事實。

「我又看見一個新天新地；不再有死亡，也不再有悲哀、哭號、疼痛，因為以前的事都過去了。」

1. 將美好的事物留在潛意識裡面最簡單的方法，就是「卸下重擔」。

2. 在四度空間那裡只有完美、圓滿、生活與歡樂。這點指出了超意識（或內在的神性）能為我們的爭戰搏鬥，讓我們卸下重擔。

3. 如果我們違反了靈性法則而背起重擔，而那個重擔就是負面想法或狀態的話，這種負面想法或狀態就會在潛意識裡生根。

4. 當我們「卸下重擔」不久，就會看得更清楚。當一個人的世俗念頭裡充滿了痛苦時，就不可能會有清楚的視野。懷疑及恐懼會毒化身心，讓想像力變得混亂，進而吸引災難與疾病上身。

5. 請堅定並且不斷重複地說：「我把重擔交給內在的神性，就可以得到自由了。」

6．為了在潛意識留下印記，一定要有積極行動的信念，「信心沒有行為也是死的。」

7．積極行動的信念就像一座橋樑，經由這座橋樑可以走向應許之地。

8．潛意識也常透會過音樂留下痕跡。音樂具有四度空間的特質，可以解放禁錮的靈魂；它可以讓看起來不可能的事情成真，而且簡簡單單就能實現！

9．不要輕視「一天之中的小事」，在夢想成真之前，一定會有「陸地的徵兆」。

10．請持續不斷地「讓自己相信」，而在潛意識裡留下印記。如果深信自己很有錢，而且很成功，「時候到了，他就要歡喜收割。」

11．若是我們不消除潛意識裡所有的恐懼，就不會得到平靜與快樂。恐懼會誤導能量，所以必須要導正它，把它轉化成正確的信念。

12．在潛意識裡留下「上天是給予者及禮物」的事實，一旦他們與給予者合而為一，就等於是與禮物在一起。有句很棒的禱詞是這樣說的：「現在我為了上天是我的禮物而感謝這位給予者。」

13．因為我們先感到恐懼，所以獅子才會凶猛可怕。

14．請隨時注意自己，檢查自己付諸行動的動機是基於恐懼或信念。

15．千萬不要逃避自己害怕的事；而是要充滿喜悅地面對它。因為如此將可以證明「每個人都是你的貴人」，而恐懼的事就會自眼前平靜地消失無蹤。

16．當我們瞭解邪惡不具任何的力量的時候，「眨眼之間」，就會感到如釋重負。物質的世界會消逝，至於四度空間，也就是「奇妙的世界」，將會轉化為具體的事實。

愛是宇宙最強烈的吸引力

遵循愛的道路，美好的事物就會隨之而來。

世界上的每個人都是在愛裡面誕生的。「我賜給你們一條新命令，乃是叫你們彼此相愛。」俄國哲學家鄔斯賓斯基（Ouspensky）在《第三工具》（Tertium Organum）裡說：「愛是一種無限廣大的現象。」並且為人類打開了四度空間，也就是「奇妙的世界」。

真正的愛是無私、無懼的。愛會自然而然地流向所愛的人，而且不求回報；它的樂趣在於給予。愛是天意的展現，也是宇宙最強烈的吸引力。純潔、無私的愛會吸引同樣的愛，不需要特別去尋找或要求；每個人幾乎都對真愛有基本的概念。如果愛是自私的、殘暴的或恐懼的，就會失去所愛。嫉妒是愛最大的敵人，因為嫉妒的人看到自己的所愛被別人吸引時，想像力就會變得很混亂，若不加以控制，他的恐懼就會成為事實。

有位女子非常沮喪地來找我。因為她深愛的男子為了其他女人離開了她，還說根本就沒打算娶她。她心裡充滿了嫉妒與怨恨，希望那個男子跟她一樣痛苦，還說：「我那麼愛他，他怎麼可以離開我？」

我回答她說：「妳並不愛那個人，其實妳很恨他。」然後又說：「妳永遠都得不到自己沒有付出過的東西。若妳付出完整的愛，就會得到完整的愛。妳要為他付出完整、無私的愛，完全不求回報，不批判也不責備，而且不論他在哪裡，都要祝福他。」

她說：「不，除非我知道他在哪裡，否則我沒辦法祝福他！」

我說：「那麼，妳對他的愛就不是真愛。當妳付出了真愛，真愛就會降臨到妳身上，不論它是來自這個男人或其他男人。如果這個男人不是妳的真命天子，就不必再想他了。當妳與神同在，就會與神授權利的愛在一起。」

幾個月過去了，情況並沒什麼改變，可是她始終非常認真工作。我說：「當妳不再被他的殘酷困擾時，他就會變得不那麼殘酷，因為這一切都來自於妳自己的情緒。」

然後我告訴她一個印度同道會的故事。這幾個兄弟之間從來都不問候對方「早安」，而是習慣說：「我向你內在的神性致敬。」不只向每個人內在的神性致敬，他們也向叢林的野獸致敬——他們從未被野獸傷害過，因為他們只看到生物內在的神性。我對她說：「向那個男人內在的神性致敬，然後說：『我只看到你內在的神性。我看到的你，是上天所看到的、如此完美的你，因為你是照他的形象塑造出來的。』」

後來她發現自己愈來愈能夠釋懷，心裡的怨恨也逐漸消失了。那個男人是個船長（Captain），她總是叫他「頭兒」（Cap）。

有一天，她突然說：「無論頭兒在哪裡，請上天賜福給他。」

我說：「妳現在對他的愛就是真愛。當妳變成一個『完整的圓』，再也不會被這種狀況所困擾時，妳就會得到他的愛，或是吸引另外一個人。」

後來，我有一陣子出門在外，又沒有電話，所以跟她有幾個星期沒連絡。某天早上我接到一封信，上面寫著：「我們結婚了。」

我在第一時間就打電話給她，第一句話便問：「發生了什麼事？」

她很興奮地說：「噢，那真是個奇蹟！有天早上我起床後，覺得所有的痛苦都不見了。當天晚上我見到他，他就向我求婚了。我們已經結婚約有一星期了，我從來沒有見過這麼愛我的人。」

俗話說：「沒有人是敵人，沒有人是朋友，每個人都是你的老師。」所以我們要學著客觀一點，懂得從其他人身上學習，這樣我們就會很快學到自己的功課，並且得到自由。那個女人深愛的男子教會她什麼是無私之愛，這也是每個人遲早都得學習的事。

成長未必非要經歷痛苦不可；痛苦是違反靈性法則的結果，不過，可以不必經歷痛苦就從「沉睡心靈」中覺醒的人，其實是很少的。當我們感到快樂的時候，通常會比較自私，因果法則會因此而自動啟動——人常常會缺乏感恩之心而承受損失之苦。

我認識一個女人，她有一位好丈夫，可是她卻常常說：「我根本就不在乎自己有沒有結婚。但是，這並不表示我不喜歡我丈夫，我只是對婚姻生活沒什麼興趣罷了。」

她有很多興趣，經常忘了自己已經結婚，只有在見到丈夫時才會想到對方。有天她丈夫說，他愛上了另一個女人，然後就離開了。她非常沮喪而忿怒地跑來找我。

我告訴她說：「這正是妳一天到晚掛在嘴邊的願望啊！因為妳老是說自己一點都不在乎結婚什麼的，因此，潛意識就啟動了，它讓妳進入一種沒有婚姻的狀態。」

她說：「哦，我懂了。人們得到了想要的東西後，會感到很痛苦。」她很快適應了這個情況，並發現分手對彼此都好。

當女人變得冷淡或挑剔，不再在意自己的丈夫時，做丈夫的會忘記他們過去的感情，而且會變得很不滿足，也很不快樂。

有個男人來找我，看起來沮喪而悲慘，而且很窮。他太太對《數字的科學》這本書很著迷，硬逼著他看。不過，這本書似乎不是每個人都很喜歡，因為這個男人說：「我太太說我什麼都不是，因為我只是數字2而已。」

我回答他說：「我不在乎你是什麼數字，因為在上天的旨意裡，你屬於完善思想的一部分，而且透過無窮的智慧為你排定的計畫，你一定會得到成功與財富。」

幾星期內，他得到一個很好的職位。一、兩年後，他成為傑出的作家。

一個人除非十分熱愛自己的工作，否則絕不可能在事業上成功。藝術家為愛（他的藝術）而創作出來的畫作，將是他最偉大的作品；粗製濫造的作品只會被人淡忘。

一個人如果輕視錢財，就不可能會得到財富。許多人口頭上老是說：「錢財對我來說一點兒都不重要，我看不起那些有錢人。」所以，這些人始終活在窮困之中，這也是為什麼很多藝術家都很窮的主要原因——因為他們輕視錢財，錢財就會遠離他們。

我曾經聽過有位藝術家批評另一位藝術家說：「他根本就沒有資格被稱為藝術家，他在銀行裡面竟然有存款！」有這種想法，當然會把自己與財富隔絕開來；我們必須與自己想要的東西和睦共處，才能夠吸引它來。

錢財是上天旨意的顯現，讓我們從渴望及限制的狀態中解放出來。不過，我們**必須保持錢財的流通**，並且正當地使用它——囤積財富只會招致嚴重的後果。

當然，這並不表示一個人不該擁有房屋、土地、股票及債券，因為「正直之人的糧總是滿載的」。這個觀點的意思是，當機會來臨而必須花錢時，不該死守著老本不放。毫無恐懼、開心地花錢，將會為自己帶來更多的財富，因為神是人無窮無盡、永不匱乏的供應者。

這是看待金錢應有的靈性態度，因為偉大的宇宙銀行永遠不會倒閉！

《貪婪》（Greed）這部電影就是在說明囤積財富的例子：片中的女主角中了樂透彩得到五千塊錢卻沒有花掉。她把錢全部存下來，讓丈夫痛苦挨餓，最後自己也只得靠刷地板為生。

那個女主角愛的是錢財本身，認為金錢的價值高於一切。最後在有天晚上她被謀殺了，身上的錢也被打劫一空。

這是「貪財是萬惡之根」的例證。金錢本身是很好而有益的，但如果把金錢用在不當的地方，像是一味地囤積起來，或以為金錢的價值勝過愛，將會帶來疾病與災難，最後也會失去手上的錢。

遵循愛的道路，美好的事物就會隨之而來，因為上天是愛，也是供應者；遵循自私及貪婪的道路，一切就會消失不見，或是讓人與自己想要的東西隔絕開來。

我知道有個很有錢的女人把錢都存起來。她很少送別人禮物，可是自己卻一天到晚買個不停。

她非常喜歡項鍊。有次朋友問她到底有多少條項鍊，她回答說：「六十七條。」可是她買了項鍊卻放在一邊，用棉紙小心翼翼地包起來。如果她常戴那些項鍊的話也還算合理，問題是她違反了「使用法則」。她的衣櫃裡擺滿了沒穿過的衣服及沒戴過的首飾。

後來，這個女人因為經常用手緊握東西，導致手臂愈來愈沒有力氣。到最後她被認定無法料理生活，所有的財富只得交由別人替她管理。

由此可見，一個忽視靈性法則的人，將會為自己帶來不幸。

所有的疾病與不幸，都是因為違反了愛的法則。

我們心裡的仇恨、怨懟與批評，最後都會有如迴力棒一般回到自己身上，導致疾病與痛苦上身。愛就像是一種幾乎失傳的藝術，不過懂得靈性法則的人知道如何重新得到它。

若是沒有了愛，人會「成了鳴的鑼，響的鈸一般」（鑼、鈸之聲響卻單調難聽）。

我有一個學生，她幾乎每個月都跑來找我，就是為了清除自己意識中的憎恨。

這樣清理過了一陣子之後，她還憎恨的只剩下某個女人，可是對方仍以一人之力讓她疲於處理心中的憎恨。不過，她還是慢慢變得比較平靜，也比較和諧了，終於有一天，她對那個女人所有的恨意都消失了。

她容光煥發地來找我，興奮地說：「妳一定不能體會我現在的感受！她對我說了些話，我不但沒生氣，反而表現出友愛及和善的樣子。沒想到她竟然向我道歉，而且態度非常友善。沒有人能體會我現在心裡有多輕鬆！」

愛與善意對於做生意來說是十分寶貴的。

有位女士不斷抱怨自己老闆。她說老闆老是冷酷無情地批評她，她還感覺到老闆並不想讓她繼續待在這個職位。我告訴她說：「好吧，不過妳應該向妳老闆內在的神性致敬，並向她表達愛。」

她說：「我做不到，她是個鐵石心腸的女人。」

於是，我這樣回覆她：「讓我來告訴妳一個祈求特定大理石的雕刻家的故事吧！上天詢問他，為什麼非得要那塊大理石不可？結果，那位雕刻家這樣回答：『因為那塊大理石裡面有天使。』後來，他用那塊石頭雕刻出非常棒的藝術品。」

她回答說：「好吧，我願意試試看。」一個星期後，她回來找我：「我照妳說的做了，現在我老闆變得非常友善，而且還會開車載我呢！」

人們有時會因為多年前對別人不好而感到自責。然而，即使我們無法修正過去做的錯事，但我們可以現在對別人好一點，這樣也能補救過去的錯誤。「我只有一件事，就是忘記背後，努力面前的。」

■憂傷、悔恨與自責不僅會撕裂身體的細胞，還會毒害日常生活。

有個女人滿懷憂傷地對我說：「請妳治療我，讓我變得更快樂、更喜悅，因為憂傷讓我很容易對家人生氣，這是在造更多的業。」她正在哀悼死去的女兒，所以來請我治療她。我讓她瞭解那些有關失去及隔絕的想法都是錯的，並強調上天是她喜悅、愛與平靜的來源。

她很快就平靜了下來，可是她兒子卻透過人傳話給我，要我別再治療她媽媽了，因為「她太快樂了，一點都不像失去女兒的母親」。

我還認識一個女的很喜歡誇大自己的困難，因此，她總是滔滔不絕地說著自己遇到的麻煩。

由此可見，「世俗的想法」會緊緊捉著哀傷與悔恨不放。

傳統的想法總認為，如果女人不擔心自己的孩子就不是個好媽媽。

現在，我們已經知道，母親的恐懼會為孩子的生活帶來疾病與意外。因為擔心生病或意外的恐懼影像是如此栩栩如生，如果不想辦法阻止，這些畫面就會客觀化而變成事實。

做母親的可以誠懇地說自己很快樂，當她把孩子交在上天的手中，就知道從此孩子是被上天保護的。

有一個女人突然在晚上驚醒，預感到她哥哥身陷危機。然而，她不但沒有恐懼，反而開始說出有關真理的禱詞：「因為人是上天旨意完善思想的呈現，也會永遠待在最適當的地方；所以我哥哥會待在最適當的地方，因為上天會保護他。」

第二天，她哥哥差點在一場礦坑爆炸中死去，但他奇蹟似的逃了出來。

我們都是自己兄弟姊妹的守護者（思想上），同時也應當瞭解所愛的人是「住在至高者隱密處的，必住在全能者的蔭下」。

■「禍患必不臨到你，災害也不挨近你的帳棚。」

■「愛既完全，就把懼怕除去」，並且「愛就完全了律法」。

1．世界上每個人都是在愛裡面誕生的。

2．真正的愛是無私、無懼的，也是宇宙最強烈的吸引力。純潔、無私的愛會吸引同樣的愛，不需要特別去尋找或是要求。

3．嫉妒是愛最大的敵人，因為嫉妒的人看到自己的所愛被別人吸引時，想像力就會變得很混亂，若不加以控制，他的恐懼就會成為事實。

4．你永遠都得不到自己沒有付出過的東西。

5．沒有人是敵人，沒有人是朋友，每個人都是你的老師。

6．我們必須要學著客觀一點，懂得從其他人身上學習，無私的愛也是每個人遲早要學的事。

7. 當我們感到快樂時，通常會比較自私，因果法則會因而自動啟動——人常常會缺乏感恩的心而承受損失之苦。

8. 在上天的旨意裡你很完美，而且透過無窮的智慧為你安排的計畫，你一定會得到成功與財富。

9. 一個輕視錢財的人，就不可能得到財富。

10. 我們必須與自己想要的東西和睦共處，才能夠吸引它來。

11. 我們應保持錢財流通，並正當地使用它，囤積財富會招致嚴重後果。

12. 當機會來臨而必須花錢時，不該死守著本金不放。毫無恐懼、開心地花錢，將會為自己帶來更多的財富。

13．金錢本身是很好而有益的，但如果把金錢用在不當的地方，將會帶來疾病與災難，最後也會失去手上的錢。

14．遵循愛的道路，美好的事物就會隨之而來。

15．所有的疾病與不幸，都是因為違反了愛的法則。

16．愛與善意對於做生意來說是十分寶貴的。

17．若是我們無法修正過去做的錯事，那麼現在對別人好一點，也可以補救過去的錯誤。

18．擔心生病或意外的恐懼影像是如此栩栩如生，如果不想辦法阻止，這些畫面就會客觀化而變成事實。

19．憂傷、悔恨與自責不僅會撕裂身體的細胞，還會毒害日常的生活。

20．母親的恐懼，會為孩子的生活帶來疾病與意外。

21．做母親的可以誠懇地說自己很快樂，當她把孩子交在上天的手中，就知道從此孩子是被上天保護的。

22．我們都是自己兄弟姊妹的守護者（思想上），同時也應當瞭解所愛的人是「住在至高者隱密處的，必住在全能者的蔭下」。

跟著直覺走

在你一切所行的事上都要認定他，他必指引你的路。

對於一個瞭解語言力量，並且懂得跟隨**直覺**引領的人來說，沒有什麼事情是無法成功的。透過所說的話，我們可以啟動看不見的力量，重塑自己的身體或是改變自己的生活。因此，最重要的事就是選擇**正確的字眼**說話，在祈求自己的願望投向看不見的力量時，一定要謹慎小心地用字遣辭。

我們知道上天是自己的供應者，能夠滿足一切的需要，而且所說的話會帶來上天的供應。「如今你們求，就必得著。」但我們必須要先有所行動，「你們親近神，神就必親近你們。」

人們經常問我，該怎麼做才能夠**實現願望**。我則會如此回答：「說出你想要什麼，然後在獲得明確的引導之前，先不要行動。」你必須祈求上天的指引，並且說這個禱詞：「無窮的上天，請引領我該怎麼做，如果有什麼是我該做的，請你讓我知道。」

上天的答案會透過直覺（或預感）告訴你；不論是其他人所說的話，或是書裡的某個段落等等，都會帶來啟示。有時候，這些答案會精確地讓人吃驚。

有個女人很需要一大筆錢。她祈求說：「上天啊，請祢為我即時的需要指引方向，讓上天應賜給我的一切，現在就降臨到我身上，而且數量多到數不清。」後來她又加上：「請給我明確的指引，如果有什麼是我該做的，請讓我知道。」

很快地她腦海裡有了一個想法：「給某個（曾在靈性上幫助她很多的）朋友一百塊。」她把這件事告訴朋友，對方說：「在妳給我錢之前，再等等看有沒有其他的指引。」所以她又等了一會。某天她遇見一個女人對她說：「我今天給了某人一塊錢，那真的幫他很多，就像妳給朋友一百塊一樣。」這是個再清楚不過的指引，她知道給朋友一百元是對的。後來這份禮物被證明是一項正確的投資，不久後，她透過非常奇妙的方式獲得一大筆錢。

「給予」打開了「接受」的大門。為了創造財富，就應該先給予。將收入的十分之一奉獻出來是猶太人的傳統習俗，而且最後一定會回收更多；美國很多有錢人都遵循這個習俗，而我從來沒聽過這種投資有失敗的例子。

一個人奉獻自己十分之一的收入後，將會得到祝福及更多的財富，但奉獻時一定要**滿懷愛心與歡喜**，因為「捐得樂意的人是神所喜愛的」。所以，開開心心地在支票上簽字，並且帶著祝福、沒有一絲恐懼地送出金錢。這樣的心態能掌控金錢，我們必須遵循這個法則，如此所說的話才會為日後巨大的財富打開大門。

一個人有限的預見力，會限制他所得到的東西，因此，有時候我們非常需要財富，卻不敢付諸行動。

有個女人來找我，希望我能為她「祈求」找到工作。於是我說：「無窮的上天，請祢為這個女人安排一份適合她的工作。」千萬不要只是祈求「一份工作」，而是要祈求一份「合適的工作」，因為老天早已為她安排好了，所以這份工作她會非常滿意。

然後，我為她已得到這份工作獻上感謝，她的這個願望很快就實現了。在很短的時間之內，就有三份工作找上她，兩個在紐約，一個在棕櫚灘，她不知道該選哪一個。我對她說：「讓上天指引妳。」

眼看著回覆的期限就快要到了，她還是無法做出決定。某天她打電話給我說：「今天早上我一起床，就聞到了棕櫚灘的味道。」她以前去過那裡，知道那裡的氣味。

我回答說：「如果妳連在這裡都聞得到棕櫚灘的味道，絕對是上天給妳的指引。」於是她接受了那份工作，而且表現得很成功。

我們常在無法預期的時間點上，得到上天的指引。

有天我走在街上，突然有種非去某家麵包店不可的衝動，那家店距離這裡有一、兩條街。但是，我的理智抗拒我這麼做，它爭辯說：「那裡沒有妳想要的東西。」

不過，我已經學會了不去理會理智怎麼說，所以我還是去了那家麵包店，看著店裡的一切，確實沒有我要的東西。就在我從店裡走出來時，遇見一位我常想到的女人，她極需我的幫助。

當我們想尋找某樣東西時，經常會發現另一樣東西。直覺是一種精神力量，它從不解釋，只是指出方向。

我們常會在「治療」的過程中得到指引。這時腦海裡湧現的念頭可能看起來毫不相干——有時上天的指引是「很神祕」的。

有一次，我正在班上指導學生如何獲得正確的指引時，有個女人走上前說：「當妳正在指導的時候，我有個預感，應該把家具從儲藏室拿出來，然後找一間公寓。」她是為了治療健康來找我。我對她說，我知道等她有了自己的家之後，健康情況就會改善，然後我說：「我認為妳的問題在於妳把東西都收起來了。因為妳囤積東西，造成身體也囤積疾病。妳違反了使用法則，所以身體必須付出代價。」於是我獻上感謝說：「上天的秩序已經在她的心裡、身體與生活中建立。」

我們很少想到發生在自己身上的事情會影響到身體；每一種疾病都有相對應的心理問題。當我們瞭解身體是上天完善思想的呈現、是完美無缺的時候，身上的疾病很快就會痊癒。如果我們繼續保有那些有害的思維，像是囤積、憎恨、恐懼、譴責，就會再度生病。

耶穌知道所有疾病都是來自於罪，他在治療了痲瘋病人後提醒他們：「去吧！不要再犯罪了，免得更壞的事情發生在你們身上。」

因此，為了得到長久的健康，我們的心靈（或潛意識）必須被刷洗得比雪還要潔白。這也是為什麼形上學家總是深入地研究「關連性」；耶穌則說：「詛咒人的必被詛咒。」「你們不要論斷人，免得你們被論斷。」

■很多人都是因為譴責別人，而為自己引來疾病與不幸。

■譴責別人的人，一定會被別人譴責。

有一次，一個朋友既生氣又難過地來找我，因為她丈夫為了其他女人遺棄了她。她咒罵那個女的，還不斷地說：「她知道我丈夫已經結婚了，就不該接受他的關心。」我回答說：「別再罵那個女人了，妳應該要祝福她，並且接受這個狀況。否則，妳也會為自己招來同樣的不幸。」她完全聽不進我的話。一、兩年之後，她自己也愛上一個有婦之夫。

批評或譴責別人，就像是撿起通電的電線一樣，遲早會遭到電擊。

猶豫不決也是人生道路上的絆腳石。為了克服這個問題，請重複說下面這句話：「我的直覺永遠是對的；我很快就會做出正確的決定。」

這句話會銘刻在潛意識裡，然後我們很快就會發現自己很清醒、很警覺，毫不遲疑地做出正確的決定。我發現尋求靈界（psychic plane，或譯心靈層界）的指引並不妥當，因為靈界包含了各種意念，而不是「上天的旨意」。

當人們向這些主觀性意念敞開時，就會成為破壞性力量攻擊的對象。靈界是人類世俗想法的結果，是處於「對立的層面」，人們會從這裡接收到好訊息，但也會收到壞訊息。數字學與占星術會讓我們停留在心理（mental）或世俗（mortal）的層次，因為這些科學只處理因果關係。

我認識一個人，根據他的星盤，他早就該死了。但他現在還活著，而且還是美國提倡人道精神最主要活動的領導人。

消除邪惡的預言需要非常強大的心智。我們可以宣告說：「每個錯誤的預言都將失效，每個不是上天安排的計畫都會消失，現在上天的旨意就要實現了。」

然而，如果你收到的是好的訊息，像是快樂或財富的話，就該期待它的到來，因為這樣的訊息透過期待的法則，遲早都會成真。

■我們的願望通常會回到宇宙的心願，「願神的旨意成就。」

重複說：「我的直覺永遠是對的；我很快就會做出正確的決定。」

■上天的旨意是要送給我們期望的事物，滿足我們內心每個合理的渴望，而我們也應該始終擁有絕對的信念，永遠不要動搖。

回頭的浪子說：「我要起來，到我父親那裏去。」

當然，當我們擁有強大的意志時，毫無價值的世俗念頭就會離我們而去。一般人很容易感到害怕，不容易有信心；所以要擁有信心，需要有強大的意志力。

當我們在靈性方面有所覺醒之時，會瞭解到任何外在問題，都是來自於內在失調。如果我們沉淪或墮落的話，應該會知道其實這只是自己的意識沉淪或墮落。

有一天，我有個學生走在路上，腦子裡不斷罵著另一個人。她想著：「那個女人是全世界最討厭的人了。」突然有三個童子軍從街角衝出來差點把她撞倒。她沒罵那些孩子，反而很快地祈求寬恕法則，向那個女人「內在的神性致敬」。智慧之道就是愉悅之道，從此，她的人生變得平和而安詳。

當我們向宇宙說出自己的需要，就要隨時準備好迎接驚喜。當現實生活中一切看起來都很不對勁時，事實上是在朝著正確的方向前進。

有人告訴一位女士說，在上天的旨意裡不會有任何損失，所以她絕對不會失去不屬於她的東西；就算有任何損失，最後也會返回到她手上，或是得到等量的補償。

幾年前她損失了兩千美金。她把這筆錢借給一位親戚，但對方死了，遺囑裡也沒有提到這件事。她感到忿恨又生氣，因為當時雙方並沒寫下借據，她覺得自己再也收不回這筆錢了。

但是，她不承認有任何損失，決定從宇宙銀行中拿回這兩千塊。即使怨恨及無法寬恕的情緒如影隨行，她還是想原諒那個人。

她祈禱：「我不承認有任何損失。因為在上天的旨意裡沒有損失，所以我不會損失兩千塊錢，因為這是神授權利屬於我的錢。」當神關上一道門，必定會開啟另一道門。

她住在一間待售的公寓裡，租約上有條規定說，如果公寓賣掉，房客要在九十天之內搬出去。有一天，房東突然違反租約決定提高租金。她的眼前再次出現不公平的現象，但這次她並未因而感到困擾，她祝福房東說：「租金提高，表示我會更有錢，因為上天是我的供應者。」並簽了提高租金的新合約。由於某些錯誤，房東忘了寫上那條九十天要搬出去的規定。不久，房東有機會賣掉那棟房子，卻因為新租約中的錯誤，房客可以再住一年。

負責的仲介為了賣房子，提供願意搬出去的房客每人兩百塊錢。有好幾家人搬走了；不過也有幾家留了下來，包括那個女人。過了一、兩個月，那個仲介又出現了。這次他對她說：「如果我給妳一千五百塊的話，妳願不願意搬走？」這時她腦子裡閃過一個念頭：「妳會有兩千塊錢。」她還記得自己曾經在這間公寓裡跟朋友說：「如果再有人要我搬走的話，我們要一起行動。」所以她的指引是徵詢朋友的意見。

這幾個朋友對她說：「這樣好了，如果他們答應給你一千五百塊，就表示他們可以給到兩千塊。」最後她收到兩千塊錢的支票，放棄住在這間公寓。這就是靈性法則運作的結果，表面上的不公平只是為了實現她的願望。

堅守靈性法則，等於是打開通往宇宙這個大倉庫的大門，不會有任何損失。

■「蝗蟲那些年所吃的，我要補還你們。」這裡的蝗蟲是指懷疑、恐懼、憎恨及懊悔等世俗的念頭。這些扭曲的念頭只會掠取我們的一切；因為「人人都只有自己才能給予自己東西，也只有自己才能奪取自己的東西」。

■我們活著是為了證明神的存在、「為真理作見證。」人只能通過從匱乏中獲得許多、從不公平中得到公平，證明神的存在。

「萬軍之耶和華說，以此試試我，是否為你們敞開天上的窗戶，傾福與你們，甚至無處可容。」

1．透過所說的話，我們可以啟動看不見的力量，重塑自己的身體或是改變生活。

2．在祈求自己的願望投向看不見的力量時，一定要小心用字遣辭。

3．說出你想要什麼，然後在獲得明確的引導之前，先不要行動。

4．上天的答案會透過直覺（或預感）告訴你：不論是其他人所說的話，或是書裡的某個段落等等，都會帶來啟示。

5．「給予」打開了「接受」的大門。為了創造財富，就應該先給予。

6．一個人奉獻了自己十分之一的收入後，將會得到祝福及更多的財富，不過，在奉獻時一定要滿懷著愛心與歡喜，因為「捐得樂意的人是神所喜愛的」。要開開心心地在支票上簽字，並且帶著祝福，沒有一絲恐懼地送出所有的金錢——這樣的心態能夠掌控金錢。

7. 當我們瞭解身體是上天完美意念的呈現、是完美無缺的時候，身上的疾病很快就會痊癒。如果我們繼續保有那些有害的思想，像是囤積、憎恨、恐懼、譴責，就會再度生病。

8. 為了得到長久的健康，我們的心靈（或潛意識）必須被刷洗得比雪還要潔白。

9. 譴責別人會引來疾病與不幸；譴責別人，也一定會被別人譴責。

10. 猶豫不決也是人生道路上的絆腳石。為了克服這個問題，請重複說下面這句話：「我的直覺永遠是對的；我很快就會做出正確的決定。」

11．當人變得很主觀時，就會成為破壞性力量攻擊的對象。

12．消除邪惡的預言需要非常強大的心智。我們可以宣告說：「每個錯誤的預言都將失效，每個不是上天安排的計畫都會消失，現在上天的旨意就要實現了。」

13．如果你收到的是好的訊息，像是快樂或財富，那就該期待它的到來，因為這樣的訊息透過期待的法則，遲早都會成真。

14．上天的旨意是要送上我們所期望的事物，滿足我們內心每個合理的渴望，而我們也應該始終擁有絕對的信念，永遠不要動搖。

15．當我們在靈性方面有所覺醒時，便會瞭解到：任何外在問題，都是來自於內在失調。

16．當我們擁有強大的意志時，毫無價值的世俗念頭就會離我們而去。一般人很容易感到害怕，不容易有信心，所以要擁有信心，需要有強大的意志力。

17．當我們向宇宙說出自己的需要，就要隨時準備好迎接驚喜。當現實生活中一切看起來都很不對勁時，事實上是在朝著正確的方向前進。

18．懷疑、恐懼、憎恨及懊悔等世俗的念頭只會掠取我們的一切。

渴望更好的自我，發現天賦

任何風都無法把我吹倒，也無法改變我的命運。

每個人都有完美的自我表現，也都有自己的長處，這是別人所無法取代的。有些事只有我們才能做，其他人做不來；那就是我們的**天命**！

天命存在於上天旨意的完善思想之中，等待著我們去瞭解。由於想像力非常有創意，所以我們必須在這些思想轉化為具體事物之前，先瞭解它們是什麼。也因為如此，我們最應該渴望的，就是追尋我們人生的神聖設計。

很多人並不瞭解上天為自己設計的人生是什麼，自然就不會意識到自己可能深藏著**不可思議的天賦**。因此，我們的禱詞應該祈求說：「無窮的上天，請打開通往我人生神聖設計的道路；讓我的天賦現在就被釋放出來，讓我清楚地看見你的完美計畫。」

這個完美計畫包括了健康、財富、愛與完美的自我表現，它們是能帶來幸福的

生命四大元素。當我們說出上面的禱詞之後，就會發現生命起了重大的變化，因為幾乎每個人原本都不是走在神聖設計的道路上。

在一位女性的個例中，雖然她的人生經歷過大風大浪，不過，一旦她迅速地調整了步伐，美好而嶄新的一切很快便取代了過去不好的狀況。

完美的自我表現永遠都不必太費力氣，因為它**有趣得幾乎像場遊戲**。我們都知道，一旦進入上天供應一切的世界，就能隨時擁有達到完美自我表現所需的東西。

有許多天才始終為了生存而掙扎，但如果他們馬上開口祈禱，並展現出信心的話，就會得到所需要的一切。

有天下課之後，一個男人走過來給我一分錢。他說：「我總共只有七分

錢，我打算給妳一分；因為我對妳說的話有信心，我要妳為我祈求完美的自我表現及成功。」

於是我「開口祈求」。直到一年之後，我才再次見到這個人。那天他來找我，看起來很成功、很快樂，口袋裡還放著一捲黃色鈔票。

他說：「在妳為我祈求後不久，離這裡很遠的某個城市有個工作機會找上了我。現在我實現了健康、快樂及富足的理想。」

一個女人的完美自我形象，可能是完美的妻子、完美的媽媽、完美的主婦，或是在外面有份工作，不需要強迫自己一定要成為某一種形象。

■需求可以決定得到什麼指引，而眼前的道路也會變得輕鬆而成功。

我們不該硬逼自己想像心靈的藍圖。當我們希望神聖設計進入自己的意識時，會接收到許多**一閃而過的靈感**，並開始看到自己獲得一些重大成就。對於這些藍圖或念頭，請務必要堅信不移。

■我們所要追尋的就是自己——正如電話追尋鈴聲！

做父母的千萬不要強迫孩子從事什麼工作。透過靈性真理的知識，我們知道天意計畫早在一個人的童年或胎兒期就注定了。

孩子還在媽媽肚子裡時，我們應該說：「讓這個孩子體內的神性擁有完美的表現；讓他的人生能實現他身體、心理及生活中的神聖設計，直到永永遠遠。」

神會完成一切，而不是人來完成；是依照神的模式，而不是人的模式，這是所有經典中都找得到的命令。聖經就是一部處理心智科學的書，它教導我們如何從束縛中釋放自己的心靈（或潛意識）。

聖經中所描述的戰爭，都可以當成是人類與世俗思想抗衡所展開的戰爭圖像。「人的仇敵，就是自己家裡的人。」每個人都是約沙法，每個人都是大衛，都是用小白石（信心）殺死哥利雅（世俗想法）的人。

所以我們都要小心，千萬別變成埋沒自己天分的「又惡又懶的僕人」。若是我們沒有使用自己的能力，將會付上慘痛的代價。

恐懼經常阻擋在人們與自己完美的表現之間，而怯場也總是妨礙了許許多多的天才，不過，透過我們所說的話或治療，便可以克服這個問題。然後，我們會失去所有的自我意識，只會感覺到自己是通往無窮智慧的管道，以便完完整整地呈現出它的模樣。

一個人在正確的引領之下是毫無恐懼，充滿信心的；因為他感覺到這是「內在的神性」在做事。

有個小男孩經常跟他媽媽一起來聽我的課。他希望我能為他即將到來的考試「祈求」。

我告訴他應該這麼說：「我跟無窮的智慧在一起。我知道這個科目該知道的一切。」他的歷史成績很棒，可是對數學沒什麼把握。後來我又見到他時，他說：「我為自己的數學考試祈禱，最後高分通過；我以為可以靠自己的力量考歷史，結果成績竟然很糟。」

當一個人對「自己太有把握」，往往反而會失敗，這表示他只相信自己的能力，而不相信「內在的神性」。

某年夏天，我學生展開一場長途旅行，走訪很多語言不通的國家。她時刻都得到指引與保護，所以每件事都出奇順利。她的行李從未延遲收到或弄丟，她住最好的飯店，所到之處都享受最好的服務。回到紐約後，沒有了語言障礙，她覺得自己再也不需要神了，所以就用平常的態度打理日常生活。但每件事都開始出錯，她的行李很晚才收到，生活總處於失衡與混亂之中。

我們要養成時時刻刻「練習讓神現身」的習慣。不論事情的大小，「在你一切所行的事上，都要認定他。」

有時一件微不足道的小事，也會成為人生的轉捩點。

羅勃・福爾頓在茶壺裡沸騰的開水，看到了蒸汽船！

我有個學生常因為抵抗或堅持自己的方法，而阻礙了願望的實現。他把信心放在單一的管道上，限制了願望實現的方法，結果反而無法實現願望。

「是我的方式，而不是你的方式！」這是無窮的智慧給我們的命令。就像蒸汽或電流具有的力量一樣，它必須通過沒有阻力的引擎或工具才能運轉，而人就是這種引擎或工具。

聖經裡一再地告訴我們要「擺陣站著」。「猶大和耶路撒冷人哪，不要恐懼，也不要驚惶，明日當出去迎敵，因為耶和華與你們同在。」關於這點，我們可以從前面提到的那位既不抵抗、也不感到困擾的女人從房東那兒得到兩千塊錢，以及「所有的痛苦都解除了之後」贏回男人的愛的女人身上看到。

■我們的目標是**平衡**！平衡是一種很大的力量，它能賦予我們神的力量，讓我們「心想事成」。

■當我們平衡時，想事情也會比較清楚，而且「很快能做出正確的決定」；「他不會錯失任何一個引領的機會。」

憤怒會模糊我們的預見力、毒化我們的血液，同時也是許多疾病的根源，還會讓人做出走向失敗的錯誤決定。由於憤怒會造成非常重大的傷害，因此被認為是最

糟糕的「罪」。我們都知道，從形上學的角度來看，罪遠比過去人們常說的「凡不出於信心的都是罪」這句話的意思要廣義多了。

恐懼及憂慮也是很嚴重致命的罪。它們會讓我們失去信念，並透過扭曲的心靈藍圖將恐懼的事情變為事實。我們應該（從潛意識裡）趕走恐懼及憂慮。「當一個人無所懼時，就大功告成了！」

梅特林克（比利時知名散文家、劇作家、詩人，一九一一年諾貝爾文學獎得主，經典代表作品為《青鳥》）說：「人是會恐懼的神。」但是，正如我們之前提到的：人只有面對自己所恐懼的事物，才能夠克服恐懼。

當約沙法與他的軍隊準備要迎戰敵人時，唱著：「你們當讚美主，因祂的慈愛永遠長存。」結果他們發現敵人們互相殘殺，已經不需要戰鬥了。

有位女士想請人傳話給另一個朋友。她不太敢對那個朋友說，因為理智告訴她：「不要攪進這件事裡面，不要告訴他這件事。」

她在靈魂上感到很困擾，因為她答應過要傳話的。最後，她決定「迎向獅子」，召喚上天的保護。她見到那位應該要傳話的朋友，當她正要開口說的時候，對方說：「某某已經離開城裡了。」因為那個人已經不在城裡，她也不用告訴對方那個訊息了。當她願意去做這件事的時候，就不一定非做不可了；當她不再害怕時，情況就轉變了。

我們經常因為沒有充分的信心，而拖延了實現願望的時間。這時我們應該說：「上天的旨意裡只有圓滿，所以我的願望——完美的工作、完美的家，以及完美的健康狀態，一定會實現。」不論我們要的是什麼，都是合乎上天旨意的完善思想，所以它們一定會「在恩典之下，以完美的方式」實現。

我們應該要為那些已經得到卻看不見的東西獻上感謝，並且為將要得到且看得見的一切做好萬全的準備。

我有一個學生的願望是得到金錢，她曾經向我詢問為什麼她會無法達成這個願望。

我說：「或許妳很習慣半途而廢，所以潛意識就養成了做到一半的習慣（形於外而誠於中）。」

她說：「你說的對，我做事常常虎頭蛇尾的。我要回家做完幾個星期前開始做的事，因為這是我實現願望的象徵。」

於是她很認真地做針線活，很快就完成了一件成品。不久，一筆錢經由非常奇妙的方式到她手中：她丈夫在那個月領了兩次薪水；他告訴對方發錯了，沒想到對方竟然要他把錢收下來。

只要一個人懇求，並且有信心，就會得到他所要的，因為上天創造了祂自己這個管道！

有時候，我會被問一個問題：「假如一個人有多方面的天分，那我們又該怎麼確定自己要選哪一項才能呢？」其實，這個時候我們只要這麼祈求說：「上天啊，請給我明確的指引，讓我知道我完美的自我表現是什麼，告訴我現在該使用哪一種天分。」

我知道，有很多人在突然進入新的職場時，往往只受過一點訓練，甚至是完全沒受過任何培訓，但仍然可以表現得非常出色。所以，請這麼祈求：「我已經為我人生的天意計畫做好了萬全的準備。」然後毫無懼色地捉住每個機會，一定會表現得很好。

有些人非常樂於做給予者，但卻不是很好的**接受者**。他們因為驕傲、或是某些消極的因素，拒絕接受人家的禮物，因而阻礙了自己的前途，最後不可避免地成為所剩無幾，甚至是一無所有的人。

有個女人送給人家一大筆錢，因此得到幾千塊的禮物，可是她拒絕收下這些禮物，說並不需要。過了不久，她的財務狀況就「出了問題」，發現自己欠了一大堆債。所以，當我們請別人喝水的時候，請懷著感恩的心接受別人送給我們的麵包——白白地得來，也要白白地捨去。

在給予及接受之間，總是有著完美的平衡。雖然我們在給予時沒想到要得到回報，但若是我們拒絕接受回報，就是違反了靈性法則；所有的禮物都是來自於神，人只是其中的一個管道罷了。

■在給予者的腦海裡，從來不會有匱乏的思想。

當那個男人（第一百七十四頁故事中給作者一分錢的那個男人）給我一分錢的時候，我沒有說：「可憐的男人，他根本就沒能力給我錢。」因為我知道他會變得很有錢、很成功，所需要的一切也會滾滾而來。就是因為這樣的念頭，讓他變得很有錢。

差勁的接受者一定要學著**接受別人的好意**，即使是一張郵票也要收下來，如此才會打開通往上天提供一切的管道。

■上天喜愛開開心心的接受者，以及開開心心的給予者。

我常被問到，為何有人生來就有錢又健康，有人卻貧窮又多病。有果必有因，天底下沒有什麼巧合的事，我們可以用輪迴的法則來回答這個問題：我們會在世上來來回回出生及死亡許多次，直到瞭解真理可以讓我們得到自由。由於還沒滿足的欲望，我們會被拉回（再次投生）地球，償還自己的業障，或是「完成天命」。

一個生來既有錢又健康的人，在前世的潛意識裡一定有健康及有錢的藍圖；一個又窮又病的人，在前世的潛意識裡，則必定充滿疾病與窮困的畫面——不論一個人處在哪個層界，都是其潛意識信念的總和。

然而，生死是我們自己訂定的法則，因為「罪的工價乃是死」；亞當之所以墮落，是因為他相信世界上有兩種力量。

一個真正有靈性的人，是沒有生、也沒有死的！他從來都沒有出生，也沒有死亡——「他是最初，是現在，是永永遠遠！」

所以，真理可以讓我們從因果、罪與死的法則中解脫出來，讓「神的形象」得以實現。我們會經由完成天命而得到自由，並將我們的神聖設計付諸實現。

而上天則是會對我們說：「好，你這又良善又忠心的僕人，你在不多的事上有忠心，我要把許多事派你管理（死亡本身），可以進來享受你主人的快樂（永恆的生命）。」

1．每個人都有完美的自我表現，也都有自己的長處，這是別人所無法取代的。有些事只有我們才能做，其他人做不來；那就是我們的天命！

2．我們最應該渴望的，就是追尋我們人生的神聖設計。

3．很多人不瞭解上天為自己設計的人生是什麼，所以就不會意識到，自己可能深藏著不可思議的天賦。

4．完美的自我表現永遠都不必過於費力氣，一旦進入上天供應一切的世界，就能隨時擁有達到完美自我表現所需要的東西。

5．我們不該硬逼自己想像心靈的藍圖。當我們希望神聖設計進入自己的意識時，會接收到許多一閃而過的靈感，並開始看到自己獲得一些重大成就。對於這些藍圖或念頭，必須要堅信不移。

6．做父母的千萬不要強迫孩子從事什麼工作。

7．千萬別埋沒自己的天分，不使用自己的能力將會付上慘痛代價。

8．恐懼常阻擋在人與自己完美的表現之間；怯場妨礙了許多的天才。

9．人在正確的（內在的神性）引領下會毫無恐懼、充滿信心；當一個人只相信自己的能力而不相信「內在的神性」，往往反而會失敗。

10．有時一件微不足道的小事，也會成為人生的轉捩點。

11．只把信心放在單一的管道上而限制願望實現的方法，反而無法如願。

12．憤怒會模糊我們的預見力、毒化我們的血液、導致疾病或判斷錯誤。

13．恐懼及憂慮會讓人失去信念，而扭曲的心靈藍圖會將恐懼變為事實。

14．人只有面對自己所恐懼的事物，才能夠克服恐懼。

15．我們經常因為沒有充分的信心，而拖延了實現願望的時間。這時我們應該說：「上天的旨意裡只有圓滿，所以我的願望——完美的工作、完美的家、以及完美的健康狀態——一定會實現。」

16．我們應該要為那些已經得到、卻看不見的東西獻上感謝，並且為將來得到、而且看得見的一切做好萬全的準備。

17．只要一個人懇求，並且有信心，就會得到他所要的。進入新的職場時請這麼祈求：「我已經為我人生的天意計畫做好萬全的準備。」然後毫無懼色地捉住每個機會，一定會表現得很好。

18．因為驕傲或某些原因拒絕接受人家的禮物，會阻礙自己的前途。

19．給予及接受間有著完美的平衡。請接受應得的回報，否則就是違反了靈性法則。

20．在給予者的腦海裡，從來不會有匱乏的思想。

21．學習接受別人的好意，如此才能打開通往上天提供一切的管道。

22．上天喜愛開開心心的接受者，以及開開心心的給予者。

23．真理可以讓我們從因果、罪與死的法則中解脫出來，讓「神的形象」得以實現。我們會經由完成天命而得到自由，並將我們的神聖設計付諸實現。

你可以得到更多

你定意要做何事，必然給你成就。

在上天的旨意裡，人生一切美好的願望透過我們的理解及所說的話，都可以實現，所以我們必須**注意自己的天命**，因為只有合乎天意的思想才能實現。可是，我們卻經常因為自己所說的「空話」，而導致失敗或不幸。

正確地說出自己的需要非常重要！如果我們渴望家庭、朋友、職位或任何其他美好的事物，就必須說出**合乎「上天所揀選」的需求**。例如我們應該如此祈求說：「無窮的上天，請打開通往適合我的家庭、朋友及職位的道路。現在，我為了在恩典下以完美方式實現的願望獻上感謝。」這段禱詞的後半段非常重要。

我認識一個女人需要好幾千塊美金。後來她女兒受了傷，拿到好幾千塊的補償金，這就不是「以完美的方式」實現願望。她應該這麼說：「無窮的上天，我為這一千塊錢獻上感謝，現在上天決定要送給我，所以它會在恩典之下，以完美的方式送到我手上。」

當我們在金錢方面的意識逐漸增強的時候，就應該祈求更多的錢，因為這是天意要給我們的；而且這筆錢會在恩典之下，以完美的方式送給我們。

人們受到潛意識有限預期的限制，不可能得到超出自己想像的東西，所以我們必須**擴大自己的預期**，才能用更多方法得到更多東西。但是，我們卻經常限制了自己的需求。

有個學生祈求在某個特定日子之前得到六百塊。

雖然後來他如願以償地得到了這筆錢，不過聽說原本他差點就能得到一千塊，但因為他只開口向上天要求六百塊，所以就只得到六百塊。

「他們惹動（limited）以色列的聖者。」（此句話出於《詩篇》七十八章，指以色列人忘卻神的神蹟、其事，一再地試探神和聖者，劃清界限，使之憂傷，於是神生氣，甚至降災懲戒）財富與意識息息相關，法國有個傳說就是最好的例子。

有個窮人在路上遇見一位旅行者，那個人叫住他說：「親愛的朋友，我知道你很窮。收下這個金塊，把它賣掉，你這輩子就會很有錢了。」窮人為了自己的好運而開心不已，便拿著金塊回家了。後來他很快找到一份工作，變得非常成功；因為如此，他並沒有把金塊賣掉。

過了幾年，他變成一個有錢人。某天他在路上遇見一個窮人，他叫住對方說：「親愛的朋友，我要給你這個金塊，如果你賣掉它，會讓你一輩子都很有錢。」那個乞丐收下金塊後拿去估價，卻發現那只是一塊黃銅而已。可見第一個人變得很有錢是因為他覺得自己很有錢，以為那塊黃銅是金子。

每個人心裡都有一個金塊；當意識裡充滿了黃金與財富，就能將富裕帶進生命中。我們在提出願望時，一定要把願望旅途的終點當作起點，也就是說，我們要宣稱自己已經得到了想要的東西。「他們尚未求告，我就應允。」我們必須不斷地確認這點，在潛意識中建立信心。

■若是我們有充分的信心，就不必再三地確認自己是否會得到想要的東西！我們不用苦苦哀求，但是要一再為自己得到的一切獻上感謝。

「沙漠也必快樂，又像玫瑰開花。」這是指在沙漠（意識狀態）中快樂的心情能為我們打開通往需要的通道。上天的禱詞是以命令或需求的形式出現：「我們日用的飲食，今日賜給我們，免我們的債，如同我們免了人的債。」最後以讚美作為結束：「因為國度、權柄、榮耀全是你的，直到永遠，阿門。」「我手的工作、你們可以吩咐我。」祈求是一種命令及需求，是一種讚美及感恩，而我們的功課，就是讓自己相信「在神凡事都能」。抽象地認為「在神凡事都能」很容易，但在面對問題時還能夠相信這點，恐怕就不是那麼簡單了。

有個女人在限定日期之內，非得拿到一大筆錢不可。她知道自己得做點什麼才能實現願望（因為要找到做什麼的方法，才能夠實現願望），所以她祈求上天的「指引」。

她走進百貨公司，看到一把非常漂亮的粉紅色琺瑯裁紙刀。她感覺有股力量把她往那把刀的方向「拉」，而且腦海裡閃過一個念頭：「我沒有一把夠棒的裁紙刀，可以打開裝著支票的信封。」

雖然理智告訴她這麼做太浪費了，可是她還是買了那把裁紙刀。當她手上拿著那把刀，腦子裡閃過自己打開裝有巨額支票信封的畫面。

幾個星期之後，她收到了一筆巨款。那把粉紅色的裁紙刀是通往她積極信心的橋樑。

有許多故事都說明了信心具有指引潛意識的力量。

有個男人在農莊裡過夜，房間裡的窗戶都被釘子釘死了，他到了半夜覺得空氣很悶，只好在黑暗中摸索著走向窗邊。可是他打不開窗戶，只好用拳頭打破玻璃，讓新鮮空氣流進房間裡，然後好好地睡一覺。第二天早上，他發現自己打破的是書櫃的玻璃，整個晚上窗戶還是被封得死死的。原來他呼吸的氧氣，只是想像中的氧氣罷了。

當我們開始提出願望，就應該義無反顧，「那疑惑的人，就像海中的波浪，被風吹動翻騰，這樣的人，不要想從神那裏得什麼。」

有個學生說了一段非常棒的禱詞：「當我向神要任何東西時，我會跪下來說：『神啊，我不只要我所祈求的東西，我還要更多！』」

你們不應該妥協。「成就了一切，還能站立得住。」想要實現願望，並且要堅持不妥協是很困難的，因為我們往往會放棄、退縮，甚至是妥協。

■「他也幫助那些只是站在那兒等待的人。」

■願望經常會在第十一個小時實現，因為我們總是在這時才放手；也就是說，只要停止理性的思考，無窮的智慧就會趁機運作。

「枯燥的願望會招致枯燥的答案，而不耐煩的渴望必定會延遲很久，或是得到極端的結果。」

有個女人問我，為什麼她老是搞丟眼鏡，或是把眼鏡打破？

後來我們發現，她經常對自己、也對其他人很苦惱地說：「我真希望自己不必戴眼鏡。」所以她不耐煩的願望，就以這種極端的方式實現了。她應該祈求的是良好的視力，可是她卻只在潛意識裡留下不必戴眼鏡這個不耐煩的願望，所以眼鏡老被打破或遺失。

有兩種不同的態度會造成損失：**輕視**，像是那個不重視自己丈夫的女人；或是**恐懼損失**，這會在潛意識裡留下損失的影像。

當我們對自己的問題感到釋懷（卸下負擔），願望馬上就會實現。

有位女子在一個狂風暴雨的日子裡外出，雨傘被吹得開花。那天她正打算打去拜訪一位未曾謀面的人，不希望自己給對方的第一印象是拿著破傘。可是她不能把傘丟掉，因為那不是她的傘。

她絕望地呼喊：「上天啊，請你處理這把傘吧！我不知道該怎麼辦。」

過了一會，她身後出現一個聲音說：「小姐，你要修傘嗎？」原來她身後有一個修傘匠。

於是她說：「沒錯，我要修傘。」

就在修傘匠替她修傘的時候，她走進那個人的家裡拜訪，等她出來的時候，傘已經修好了。所以，只要我們把雨傘（或情況）交在上天的手中，人生的道路上隨時都會有個修傘匠在等著我們。

此外，在否認之後，永遠要加上確定的態度。

有天晚上已經很晚了，有個不認識的男人打電話請我為他治療。他顯然病得很重，於是我祈求說：「我不承認疾病的存在；它不是真的，所以無法在這個男人的潛意識裡留下印記。他是上天旨意最完善的理念，是純粹的本質表現出來的完美。」

在上天的旨意中沒有時間或空間，因此說出來的話會立刻達到目的，絕對不會「徒勞無功」。我曾經在歐洲治療過許多病人，發現祈求的效果非常迅速。

我常被問到視覺化（visualizing）與預見（visioning）的差別。視覺化是透過理

性或意識所產生的心理過程；預見則是透過直覺或超意識所產生的心靈過程。我們要訓練自己的心智接收各種一閃而過的靈感，透過神的引領，找出「天意藍圖」。當一個人說「我只要上天希望我想要的東西」時，原來意識中錯誤的願望就會消失無蹤，「偉大的建築師」——即內在的神性——就會給予我們全新的人生藍圖。

上天為每個人安排的計畫**超越了理智的限制**，而且總是包括了健康、財富、愛及完美的自我表現等生命四大元素，可惜的是，在我們該為自己建造宮殿時，卻往往只在想像中蓋了一棟小木屋。

若是我們嘗試要強迫自己（經由理智）實現願望，只會讓願望停頓下來。上天說：「我要按定期速成這事。」我們只能透過直覺或明確的引領來行動。「你當默然倚靠耶和華，耐性等候他；並倚靠他，他就必成全。」我曾經見識過靈性法則以令人訝異的方式運作。

我有個學生希望第二天要有幾百塊美金。她欠了一筆很重要的債務，第二天非還不可。

所以我為她祈求，宣稱上天「永遠都不會延遲」，她的需要必會到手。

那天晚上她打電話給我說，奇蹟真的發生了。她說自己突然有個念頭，想去銀行的保險箱檢查一下文件。當她正在翻閱文件時，竟發現保險箱的底部有張新的百元大鈔。她驚訝地說不出話來，說自己從來沒把錢放在裡面，而且她已經翻過那些文件好多次了。

這可能是願望具體化的結果——正如耶穌憑空變出麵包跟魚一樣，當一個人「道成了肉身」或是具體化，很快就會達到這個層次。「莊稼已經熟了，可以收割了！」正如耶穌施展過的各種奇蹟，願望立刻就會實現。

只要稱頌耶穌的名，就會產生很大的力量，這代表：真理可以實現願望。耶穌說：「你們若向父求甚麼，他必因我的名賜給你們。」

耶穌名字的力量可以讓我們進入四度空間。我們在那裡不會受到靈魂或心靈的影響，而是變成「無限及絕對的，正如神本身是無限及絕對的」。我見過很多透過「以耶穌之名」這句話而成功療癒的例子。

耶穌既是人，也是真理；他存在於我們每個人之中，既是我們的救贖者，也是拯救本身。

我們每個人「內在的神性」就是自己的四度空間，人是按照著神的形象創造出來的。這個自我永遠都不會失敗，也永遠不知道什麼是疾病或傷心，從來不曾出生，當然也不會死亡。它是每個人的「復活及生命」！

「若不藉著我，沒有人能到父那裡去。」這句話的意思是，在一個特別地方工作的上天（也就是宇宙）成了人「內在的神性」；而聖靈則代表了無為的神。所以，我們每天都是在展現三位一體的聖父、聖子、聖靈。

每個人都應該有思考的藝術。

偉大的思想家就是藝術家，他們謹慎地只在自己心中的神聖設計畫布上作畫；他們的每個筆觸都充滿了力量與決定，也充滿絕對的信心，因為沒有任何力量可以損害畫作的完美，而這些作品將會在他們的人生中實現出來，讓理想成為真實。

所有上天賜給我們（透過正確的思考）的力量，會將我們的天堂帶到我們地上的世界，這就是「人生遊戲」的目的。遊戲規則很簡單，就是沒有恐懼的信心、不抵抗，以及愛！

希望所有的讀者，不論你們的年紀有多大，都能除去心中的束縛，站在真理與自己的中間，「曉得真理必叫你們得自由」——自由地完成人生使命，實現「神聖設計」——健康、財富、愛及完美的自我表現，「只要心意更新而變化。」

1. 在上天的旨意裡，人生一切美好的願望透過我們的理解及所說的話，都可以實現。

2. 我們必須注意自己的天命，因為只有合乎天意的思想，願望才有可能實現。

3. 如果我們渴望家庭、朋友、職位或任何其他美好的事物，就必須說出合乎「上天所揀選」的需求：「無窮的上天，請打開通往適合我的家庭、朋友及職位的道路。現在，我為了在恩典下以完美方式實現的願望獻上感謝。」這段禱詞的後半段非常重要。

4. 人們因為受到潛意識有限預期的限制，所以不可能得到超出自己想像的東西。因此，我們必須擴大自己的預期，才能用更多方法得到更多東西。

5．每個人心裡都有一個金塊；當意識裡充滿了黃金與財富，就能將富裕帶進生命中。

6．我們在提出願望時，一定要把願望旅途的終點當作起點，也就是說，我們要宣稱自己已經得到了想要的東西。

7．如果我們有充分的信心，就不必一再地去確認自己是否會得到心裡想要的東西！

8．我們不用苦苦哀求，但是要一再為自己得到的一切獻上感謝。

9．信心具有指引潛意識的力量。

10．當我們開始提出願望，就應該義無反顧。

11．有兩種不同的態度會造成損失：輕視或恐懼損失，這會在潛意識裡留下損失的影像。

12．當我們對自己的問題感到釋懷（卸下負擔），願望馬上就會實現。

13．在上天的旨意中沒有時間或空間，因此說出來的話會立刻達到目的，絕對不會「徒勞無功」。

14．我們要訓練自己的心智接收各種一閃而過的靈感，透過神的引領，找出「天意藍圖」。

15．上天為每個人安排的計畫超越了理智的限制，而且總是包括了健康、財富、愛及完美的自我表現等生命四大元素。可惜的是，在我們該為自己建造宮殿時，卻往往只在想像中蓋了一棟小木屋。

16．若是我們嘗試要強迫自己（經由理智）實現願望，只會讓願望停頓下來。我們只能透過直覺或明確的引領來行動。

17．人生遊戲的規則很簡單，就是沒有恐懼的信心、不抵抗，以及愛！

附錄：

這樣祈禱最有用

找工作時……

●我透過很好的方式得到一份很好的工作；我提供很好的服務，而得到很好的待遇。

想買房子、租房子時……

●無窮的智慧啊！請賜給我真正屬於我的房子，神授權利屬於我的房子。

●（若有很想得到的某間房子）如果那棟房子註定是我的，就一定跑不掉；如果不是的話，請賜給我一棟同樣迷人的房子。

祈求平安時……

●因為人是上天旨意完善思想的呈現，也會永遠待在最適當的地方；所以我（或任何你想祝福的對象）會待在最適當的地方，因為上天會保護我。

想要變得富足時……

●無窮的上天為了我無比的富足而預備道路，我就像一塊吸引力強大的磁鐵，吸引著神授權利應屬於我的事物。

●我將匱乏的重擔卸下給（內在的）神，就能自由地得到許許多多。

●神是我永不失敗的供給者，在恩典之下，我很快會以完美的方式得到大筆財富。

●因為上天與我同在，我會擁有所需要的東西；因為上天既是給予者，也是禮物，我無法將給予者和禮物分開。

●現在我為了上天是我的禮物而感謝這位給予者。

●神啊，我不只要我所祈求的東西，我還要更多。

在時間期限內很需要一筆金錢時……

●上天從不延遲。我向神獻上感謝，因為我在神看不見的計畫裡已經拿到了這筆錢，而且這筆錢一定會及時出現。

與深愛的人（快）分開時……

●在上天的旨意沒有分離，所以我也不會因為神授權利與愛人及伴侶分開。

希望改變負面的情緒時……

●我把忿怒（憎恨、哀怨、悲傷……）的重擔交給內在的神性，我就自由了，而且會變得討人喜歡、友善及快樂。

祈求學業……

●我跟無窮的智慧在一起，我知道這個科目該知道的一切。

祈求健康……

●上天的愛將健康源源不絕地灌進我的意識中，我體內的每個細胞都充滿了光亮。

擔心不好的結果時……

●世界上沒有兩股力量，唯一的力量就是神，所以我絕對不會失望。發生了這件事，代表它是個快樂的驚喜。

●每個錯誤的預言都將失效，每個不是上天安排的計畫都會消失，現在上天的旨意就要實現了。

●何必擔心，也許事情永遠不會發生。

遇到不如意、難題、阻礙和痛苦的事時……

●現在，上天的愛消除並且驅散了我心裡、身體，以及生活中的每一個錯誤。上天的愛是宇宙最有力量的化學物質，它能消除任何東西，除了它自己。

●這些事對我一點影響也沒有。

展開美好的一天……

●今天是圓滿的一天；我為這完美的一天獻上感恩，因奇蹟與驚喜將接二連三出現。

●看看你眼前發生的奇蹟。

祈求完美的自我表現……

●現在我打碎並搗壞潛意識裡每張不真實的照片。它們將回歸到原本就不存在的塵土中，因為它們來自我的空想。現在透過上天，在他的裡面我造了屬於自己的完美唱片——關於健康、財富、愛與完美的自我表現的唱片。

●無窮的上天，請打開我人生神聖設計的道路，讓我的天賦現在就被釋放出來，讓我清楚地看見你的完美計畫。

●（父母為將出生的孩子祈求）讓這個孩子體內的神性擁有完美的表現；讓他的人生能實現他的身體、心理及生活中的神聖設計，直到永遠永遠。

●上天的旨意裡只有圓滿，所以我的願望——完美的工作、完美的家，以及完美的健康狀況，一定會實現。

●我已經為我人生的天意計畫做好了萬全的準備。

●無窮的上天，請打開通往適合我的家庭、朋友及職位的道路。現在，我為了在恩典下以完美方式實現的願望獻上感謝。

●上天啊，請給我明確的指引，讓我知道我完美的自我表現是什麼，告訴我在該使用哪一種天分。

祈求指引……

●無窮的上天，請引領我該怎麼做，如果有什麼是我該做的，請你讓我知道。

●我的直覺永遠是對的；我很快就會做出正確的決定。

●憑藉著上天的力量，我能敏感地察覺直覺的指引，並且迅速聽從上天的旨意。

●我的耳朵就是上天的耳朵，我是透過聖靈的耳朵在聽。我不抗拒，願意接受上天的引導。我聽到非常喜悅的聲音。

祈求預見力……

●我的眼睛就是上天的眼睛，我是透過聖靈的眼睛來看。我清楚地看見有條平坦的道路，這條道路沒有任何障礙。我清楚地看見完美的計畫。

希恩06

希恩06